AF284227

In Erinnerung an Eugen Roth

Seit mehr als fünfzig Jahr'n
ist leider Eugen Roth schon tot,
drum schreib' Ich neue Mensch-Gedichte
und schreibe neu Geschichte!

Herstellung und Verlag
BoD – Books on Demand, Norderstedt
ISBN 9783752628449

Bibliografische Information der Deutschen Nationalbibliothek:
Die Deutsche Nationalbibliothek verzeichnet diese Publikation
in der Deutschen Nationalbibliografie;
detaillierte bibliografische Daten sind im Internet über
http://dnb.dnb.de abrufbar

Künstlerische Gesamtgestaltung
Stefan Reich

Kontakt zum Autor für Vortrags- u. Leseanfragen
hr.reich@web.de

Einen **Fehler** finden - Neue **Mensch**-Gedichte

von Stefan Reich

Einen Fehler finden

Ein Mensch am Rand einen Fehler fand,
er schaute hin, es war nur Sand,
doch trotzdem er's für schlimm befand,
weil Fehler ha'n Bestand.

Doch zu entfernen jenen Sand,
da fühlte er sich nicht ernannt,
die Korrektur war ihm zuwider,
es war ihm wohl zu bieder.

Er meckerte viel lieber rum
und fand den Fehler viel zu dumm,
nun liegt der Sand noch heute da,
das wird dem Leser klar.

Selbsterkenntnis

Ein Mensch geht lieber an die Quelle,
an eine ganz besondere Stelle,
an der er besser schauen kann,
sein Leben, seinen Handlungsstrang.

Doch leider hat er auch 'nen Zwang,
das wusste er noch nicht bislang,
bis jetzt, wo er es sehen kann,
da fängt sein Elend an.

Konzentration

Ein Mensch, der hörte sehr schlecht zu,
doch nachher lies' ihm keine Ruh',
was ihm der and're wohl mitteilte,
war es wohl wichtig, oder eilte?

Drum kramte er nach seinen Fetzen,
in seinem Kopf nach ganzen Sätzen,
doch seine Lücken war'n zu groß,
so ließ er's nachher wieder los.

Er rief dann an und fragte nach,
worauf der andere nochmals sprach,
doch half's ihm leider wieder nicht,
drum ha'n wir heut' noch kein Bericht.

Talentlos

Ein Mensch, der hatte kein Talent,
selbst nicht ein bisschen ganz latent,
der musste nun ein Werk verrichten,
er konnt' es nur vernichten.

Ein fauler Mensch

Ein Mensch, der war von Hause aus,
ein Schlurie und 'ne faule Laus,
von Arbeit fehlte ihm der Plan,
und hat auf frech getan.

Doch alle ander'n wären faul
und machten gern' die Arbeit blau
und sollten sich die Pausen sparen
die Kundschaft doch nicht narren.

So kam er dann an einen Mann,
der lehrte ihn wie ein Tyrann,
das faule Säue so wie er,
man täglich trifft im Rechtsverkehr.

Ein Anrufer

Ein Mensch wähnt alle wären da,
wenn er anruft, das wär' ja klar,
doch niemand hört sein' Schellenton,
nicht mal die Tochter und der Sohn.

Hingegen wenn man ruft zurück,
dann muss man haben sehr viel Glück,
denn selber und zu jeder Zeit,
ist er nicht da und wir sind's leid.

Ein launischer Mensch

Ein Mensch, ist launisch und sehr laut,
wenn man ihn anspricht überhaupt,
drum wagt ein niemand ihn zu fragen,
nicht mal die kleinen Blagen.

Doch weil er sitzt als Informant,
am Schalter vorne schon erkannt,
um Auskunft allen wohl zu geben,
da ist er falsch in seinem Leben.

Und wenn mal einer trotzdem fragt
und nur aus Zufall es mal wagt,
so wird er richtig angeschrien,
er soll' den Fahrplan selbst studieren.

So ein besonders fieser Mensch,
der hat daher nur die Tendenz,
zu pöbeln und sich frech zu geben,
drum solltest Du nie mit ihm reden.

Ein leidender Mensch

Ein Mensch, der auf die Schnauze fiel,
der wählt stets das alte Spiel,
er wollte sich nichts sagen lassen
und konnte nie die Wahrheit fassen.

Selbst beste Tipps von wahren Freunden,
die tat er immer stets versäumen
und alle Chancen ließ er zieh'n,
vom Schicksal sein Termin.

Jetzt ist nun alles viel zu spät
und wirklich nichts mehr geht,
der Mensch bejammert jetzt sein Leiden,
er sollte sein Bescheiden.

Weinen

Ein Mensch, der war am Weinen,
so möchte man es meinen,
doch außer ein paar Tränen,
war er doch nur am Gähnen.

Ein überforderter Mensch

Ein Mensch ist heillos überfordert,
weil er zu viel von allem ordert,
die Auswahl lässt ihn nicht entscheiden,
so sucht er weiter und muss leiden.

Jedoch als er für sich entdeckte,
es gäbe da noch mehr Objekte
und Farben und auch Varianten,
rief er um Hilfe bei Bekannten.

Sie sollten ihn nun gut beraten,
er hätte Not und könnt' nicht warten
und so mit seiner Ungeduld,
gab er den anderen Menschen Schuld.

Dabei vergaß er zu erwähnen,
das insgeheim in seinen Plänen
er eigentlich nur sparen wollte,
weil sein Budget das richtig sollte.

Und die Moral, wer etwas sucht
und gar nichts weiß und gar nichts bucht,
der braucht sich später nicht beklagen,
das sollte man ihm vorher sagen.

Ein nackter Mensch

Ein Mensch, der liebt es nackt zu sein,
so dachte er, er fühlt sich rein,
die Nachbarn fanden das nicht fein
und dachten nur, er wär' ein Schwein.

Das störte ihn jedoch nicht sehr,
er tat dies auch im Stadtverkehr
und auch beim Einkauf ging er blank,
mit Unterhose, Gott sei Dank.

Er liebte daher FKK,
das wird jetzt wohl dem Leser klar,
denn unter Nackten war ihm wohl,
da brauchte er kein Monopol.

Und selbst im Winter und bei Schnee,
verkühlte er sich nackt – oh je,
nun liegt er krank in seinem Bett,
zum Schutz bekleidet ganz komplett.

Am Arsch der Welt

Ein Mensch wohnt ganz entlegen
und tut die Freiheit pflegen,
so ist sein Lebensraum,
zu finden leider kaum.

Doch er glaubt immerhin,
er wohne mittendrin
und ist darum empört,
wenn er die Wahrheit hört.

So hat er was bestellt,
doch niemand hat geschellt,
drum ist er richtig sauer
und legt sich auf die Lauer.

Doch als nach ein paar Tagen,
der Bote ist am Klagen,
er findet nicht sein Haus,
da raste er dann aus.

Denn wer am Arsch der Welt
gern lebt und was bestellt,
der muss damit wohl rechnen,
das niemand kennt die Flächen,
wo dieser Mensch zu Hause,
allein lebt als Banause.

Nicht Weise

Ein Mensch, der hatte eine Meise,
drum dachte er, er wär' schön Weise,
zwei linke Hände kam' dazu,
Unwissenheit, war kein Tabu.

Denn Selbsteinbildung ist markant,
bleibt leider häufig unerkannt,
in Wirtschaft und in Politik,
hört man hierzu nicht gern' Kritik.

Und auch in Firmen gibt's 'nen Chef,
der braucht drei Stunden für'n Betreff
und selbst mit Sekretärin meist,
den Laden gar nicht schmeißt.

Die Gar-nichts-Könner sind verwandt
und dabei sind sie arrogant,
mit Hamstern, die um sich nur drehen,
ein Mensch kann das wohl nicht verstehen.

Ein Vorgesetzter

Ein Mensch, war Vorgesetzter
doch war er stets Vorletzter,
im Leben allgemein,
vom Körper etwas klein.

Drum war er auf sich stolz
und hieß mit Namen Holz,
bei dieser Position,
konnt' er den anderen droh'n.

So war er ein Tyrann,
der immer was er sahn',
was seine Mitarbeiter,
nicht gerne machten weiter.

Doch als sein Chef ihn rief,
in einem Abmahnbrief,
da war er noch viel kleiner,
sein Job war nicht mehr seiner.

Jetzt war er abgesetzt,
das hat in sehr verletzt,
das tat ihm richtig weh,
das ist halt das Klischee.

Er fand 'ne neue Stelle,
nun saß er an der Quelle
war wieder Vorgesetzter
vorm neuen Chef Vorletzter.

Arbeitsbericht

Ein Mensch schrieb diesen Sachverhalt,
das bei der Arbeit nichts sei halt,
als Arbeit und das nicht zu knapp,
das hielt ihn heute ganz auf Trab.
Sein Vorgesetzter war entsetzt,
drum saß er bei ihm jetzt,
zu reden und sich zu erklär'n,
weil er sah das nicht gern.
So wurde nun sein Grundbericht
ganz schnell geschrieben schlicht,
nun steht nur noch der Sachverhalt,
die Kündigung kommt bald.

Glücklos

Ein Mensch, welcher hat immer Glück,
verliert zum ersten mal ein Stück
und ist verbittert ohne Ende,
weil er es gerne wiederfände.

Damit fängt erst sein Unheil an,
weil er es nicht mehr finden kann,
er sucht nun überall verbissen,
doch seine Lage bleibt beschissen.

Krankenschein

Ein Krankenschein, der ist gemein,
denn oft, da steht man dann allein,
doch ob die Krankheit echt ausbricht,
das weiß nur das Gericht.

Wer krank sich meldet ist drum dreist,
die Brocken einfach so hin schmeißt
und meint er könnte Krank nun feiern,
der ist was am Verschleiern.

So ist die Meinung allgemein,
der böse Kranke bleibt daheim,
um seine Ruhe auszunutzen,
den Schein als Waffe zu benutzen.

So wird der dreiste Krankausnutzer,
so hingestellt, als ein Beschmutzer,
der sich erdreistet ohne Recht,
nicht da zu sein, als Arbeitsknecht.

Eine Kündigung

Ein Mensch, der wurd' entlassen,
das konnt' er gar nicht fassen,
weil er in dem Betrieb,
die Arbeit hatte lieb.

Er wollt' für alle Fälle,
gern' wieder seine Stelle,
so ging er vor Gericht,
doch das, dass half ihm nicht.

So war er nun frustriert
und hat sich konzentriert,
was Neues noch zu finden
und sich zu überwinden.

Und wie der Zufall wollte,
das Schicksal es so sollte,
da wurde er berühmt
nun schrieb er unverblümt.

Seitdem kennt alle Welt,
wer ihn hat kalt gestellt
und ist auf seiner Seite,
die Firma ist nun pleite.

Ein arbeitsloser Mensch

Ein Mensch war lange arbeitslos,
drum hatte er nun gar kein Moos
und meckerte den ganzen Tag,
nur über diesen Staatsverrat.

Und weil er immer lange schlief,
drum lass er viel zu spät den Brief,
den Inhalt von dem Arbeitsamt
so war sein Lebensstand.

Er konnte daher nicht verstehen,
warum man muss zur Arbeit gehen,
weil er das Geld vom Amt her kriegte
und so die Arbeitslosigkeit besiegte.

Drum klagte er mit dem Verfahren,
doch konnte er sich dies bloß sparen,
weil seitdem wurd' er umgeschult
und lernt nun vom Beruf Geduld.

Ein mittelloser Mensch

Ein Mensch, dem gar nichts ist geblieben,
der muss hier ja auch sein beschrieben,
weil dieser jetzt stand in den Miesen,
so musste er nun alles leasen.

So hatte er nun noch mehr Schulden,
die Banken mussten sich gedulden,
so war sein Teufelskreis geschlossen
drum hat er sich in Not erschossen.

So mancher Mensch zahlt jeden Preis
und kauft daher so manchen Scheiß,
drum ist Verzicht die Haupteinsicht,
damit man nie an Geld zerbricht.

Ein dummer Mensch

Ein Mensch, nicht klug und ziemlich dumm,
der fragte ständig nach: „Warum?"
Nichts wissend brachte er's nach Vorn
und hat nie Geld und Macht verlor'n.

So fragt man sich wozu Verstand,
schon in der Schule wird verlangt
wenn so ein Dummkopf macht Karriere
und hat nur Stroh im Kopf als Lehre.

Bankrott

Ein Mensch mit mittleren Finanzen,
kauft sehr groß ein und das im Ganzen,
obwohl sein Geld und die Reserven,
nicht mal ausreicht für seine Erben.

Drum kreisen Geier über ihm,
und ihre Bahnen mächtig zieh'n,
doch all das sieht er dabei nicht,
vergisst auch Post von dem Gericht.

So kommt nun was nun kommen muss,
mit Einkauf ist nun endlich Schluss,
er hat nun einen Vollbankrott
doch hofft er noch auf den Jackpot.

Drum meldet er sich insolvent
und wartet noch bis zum Advent,
obwohl er schon sein Hab und Gut
verlor durch seine Einkaufswut.

Mit Geld zu handeln ist vakant,
nimmt jemand dieses in die Hand,
der selber niemals dies verdiente
und dabei sich nur dran bediente.

Ein Milliardär

Ein Mensch, war Milliardär
und reiste oft umher,
die Zeit um totzuschlagen
und Frauen nach zu jagen.

So war sein Tageslauf,
er hatte gar nichts drauf,
nur Kohle zu verheizen,
das konnte ihn noch reizen.

Bis ihn die Börse killte,
zum Sparzwang hin ihn drillte,
so lebt er nun bescheiden,
beim Einkauf und Bekleiden.

Und alle die Reserven
und Schwarzgeld-Konten sterben,
weil Bänker sie verprassen,
wir nehmen das gelassen.

Ein König

Ein Mensch, der war ein König,
doch war er sehr gewöhnlich
und alle Untertanen,
die kannten seine Dramen.

Und seine Liebeleien,
die waren Sauerreien,
weil nur mit Liebesschreie',
da fühlte er sich freie.

Bis an die Falsche er geriet,
wie jede Zeitung uns verriet
und für die Sünde einer Nacht,
sich wiederfand in einer Schlacht.

Seitdem sind seine Triebeslasten,
für ihn nur die verhassten,
weil er erzeugte so ein Kind,
das nun seinen Thron einnimmt.

Wilhelm Busch

Wilhelm Busch kennt jedes Kind,
mit Reimen sehr geschwind,
als Dichter war er wohl der Beste
und schrieb die schönsten Feste.

Eugen Roth

Alle woll'n Gedichte schreiben,
nur beim Eugen Roth sie leiden,
weil sein Scherz war nie Kommerz,
weil er schrieb mit Herz.

Denn sein Stil ist unerreicht,
selbst der beste Schreiber schleicht,
um sein Werk und ist pikiert,
nie wurd' es kopiert.

Wer so schreiben will wie er,
der muss sein ein weiser Herr
und den Menschensinn betrachten,
niemals ihn verachten.

Alle Menschen

Ein großer Geist erzählt dir meist,
was dieses und was jenes heißt.
Ein kleiner Geist fragt nur warum
und schaut sich um und bleibt nicht stumm.

Ein Mensch hingegen ist sich sicher,
er findet hierfür nur Gekicher,
weil Menschen sind doch alle gleich,
so schrieb es drum, Herr Stefan Reich.

Buchzerriss

Ein Mensch schrieb unlängst uns ein Buch
und machte dabei den Versuch,
es besser als nur gut zu schreiben,
als bester Autor aufzusteigen.

Doch die Kritik lies das nicht zu
und fand sein Buch wär' nur Ragout,
nur eine reine Zeitverschwendung
und hätte keine gute Wendung.

So war er traurig ohne gleichen,
weil so viel Neider ihn erreichten
als lächerlich ihn nur darstellten
ein falsches Urteil darum fällten.

Doch trotzdem wurde dieses Werk,
ein Verkaufsschlager und kein Zwerg,
als Meisterwerk wurd' es verehrt,
es hat ihn gut ernährt.

Ein Künstler

Ein Mensch als Künstler was er sahn,
was niemand ander's kann
und überglücklich es betrachtet,
weil niemand es beachtet,
der glaubt, er würde schon berühmt,
der zeigt das unverblümt.

Drum sendet er mit Stolz sein Werk,
mit dem besonderen Vermerk,
es wäre doch ein Meilenstein,
zu den Verlagen ein
und wartet unter dessen lang
auf seine Antwort dann.

Doch warten tut er leider noch
und formt ein zweites Werk dann doch,
und schickt nun auch noch dieses ein,
doch der Verlag sagt ihm dann: „Nein!",
sodass er wird ganz traurig schon,
als Künstler ist's für ihn ein Hohn.

Doch niemand hat es ihm gesagt,
wer auch begabt ist mal versagt.
Denn Künstler auch vom ersten Rang,
die waren nie von Anfang an,
ein Klassiker und Kassenschlager,
am Anfang lag's meist nur auf Lager.

Gedichtehasser

Ein Mensch, der hasste Sprüche,
von den Gedichten Brüche,
die Reime dieser Worte,
verfluchte er als Sorte.

Denn alle, die er kannte,
mit Freundschaft er benannte,
die liebten sehr Gedichte,
mit Reimen als Geschichte.

So war er unzufrieden
und hat sie drum gemieden,
doch als er dieses las,
erkannte er den Spaß.

Ein Bücherwurm

Ein Mensch, der war ein Bücherwurm,
er hatte Bücher hoch wie 'n Turm,
und lass die dicksten aller Werke,
dass war wohl seine Stärke.

Nur lesen, ja noch mehr von diesen,
dass hat er täglich uns bewiesen,
nur als er uns erzählen sollte
was er gelesen, er nur schmollte.

Unterschätzte Dichtkunst

Wer glaubt, er könnt' Gedichte schreiben,
ganz leicht und einfach dieses treiben,
dem sage ich, er soll's mir zeigen,
er wird es so vergeigen.

Denn auch mit einem Automaten,
oder mit Hilfe vieler Karten,
da muss derjenige noch warten,
auf seine Eignung, seine Taten.

Drum lach' ich alle herzlich aus,
die mir verweigern den Applaus,
weil meine Kunst wird unterschätzt,
weil mancher Mensch gern schwätzt.

Unvernunft

Manch' Menschen haben Unvernunft,
beruflich als Einkunft
beklagen trotzdem fehlerhaft,
was vorsätzlich geschafft.

So ist die Einsicht nicht geben,
oftmals bis zum Ableben
weil diese Menschen ganz verpeilt,
ihr Schicksal dann ereilt.

Ein Theologe

Ein Mensch, war Theologe
und kannte manche Droge,
weil er mit der Erfahrung,
las nur die Offenbarung.

Er las die Stellen intensiv
und fand die Bibel negativ,
drum rauchte er sich einen Joint
und hat vom Untergang geträumt.

Doch als das Ende stand bevor,
da hörte er den Engelschor,
das Armageddon war vorbei
und er war leider nicht dabei.

Ein verklemmter Mensch

Ein Mensch mit seinem Schatten fightet
und das ist leider sehr verbreitet,
weil er ihn selbst als Feind betrachtet,
sich selbst damit verachtet.

Denn Eigenliebe ist ihm fremd,
er lebt als Mensch nur sehr verklemmt,
das ist bedauerlich – Moment,
wenn man es jetzt beim Namen nennt.

Ein Dichter

Ein Mensch, der war ein Dichter,
vom Leben ein Berichter,
denn alle seine Schriften,
die wollten Gutes stiften.

So schrieb er unentwegt,
hat sich nie hingelegt,
um alles zu beschreiben,
das Böse zu vertreiben.

Doch weil zu wenig Schlaf,
er hatte mehr Bedarf,
zu Krankheit einfach führt,
hat er schlecht abgeführt.

Seitdem hat er nun Darmprobleme
und unschöne Ekzeme,
schreibt nur noch über diese Themen
und ist sich oft am Cremen.

Ein Schreibtischtäter

Ein Mensch, an seinem Schreibtisch saß
und einen Apfel aß,
erdachte sich die schlimmsten Sachen,
doch selber wollt' er sie nicht machen,
drum schrieb er sie als 'ne Geschichte,
sowie ich die Gedichte
und fühlte sich so nicht betroffen,
doch konnt' er nicht darauf hoffen,
weil er als Schreiber etwas schuf
real, so wie ein Fluch,
so ist und bleibt es seine Tat,
drum bleibt das Schreiben hart.

Lieblingsmensch

Ein Mensch, denn man am Liebsten hat,
den findet man in seiner Stadt,
doch wo er wohnt und sich befindet,
das ist die Frage die uns bindet.

Denn ohne einen Favorit,
das Leben viel zu trüb aussieht,
weil unser Herz ihn nötig braucht,
in seine Aura tief eintaucht.

Komplizierte Welt

Technik, immer mehr Funktionen,
welche sich rein gar nicht lohnen,
sind der Welt Verdummungsfaktor,
legt sie darum schnell ad acta.

Alles noch komplex gedachter,
einfach nur zum Leid gemachter,
ja, das ist der Fortschrittsglaube,
weil ihr locker habt 'ne Schraube.

So müsst ihr das Dumme nutzen,
euren Geist mit Dreck beschmutzen,
doch das Neue geht auch besser,
kauft euch lieber neue Messer.

Ein berühmter Mensch

Ein Mensch, der sich als bester rühmt
der wurde jetzt berühmt
und kann mit seinem großen Werken,
sich finanziell bestärken,
dass nur durch seine große Kunst,
er steigt in Volkes Gunst
und so zum Held der Schreiberwelt,
sich endlich hat gesellt.
Das ist ein Traum der sich erfüllt
und er wird jetzt enthüllt,
weil dieser Ruhm ihn richtig trifft,
drum legt er hin den Stift.

Ein Köttelchen

Wenn man vergisst
was man gut isst,
dann wird der Stuhlgang Mist.
Ein Köttelchen steckt dann schnell fest
und gibt dem Mensch den Rest.

Doch wenn man dann viel drückt, nicht lässt,
dann zusätzlich einnässt,
so sind Geschäfte dieser Art,
manchmal schon richtig hart.

Flatulenz

Ein Mensch hat Blähung'n unbestritten,
durch Bohnen, Eier und auch Schnitten,
drum geht er nicht so gerne raus,
lässt seine Flatulenz im Haus
und hofft, er möge später dann,
nicht wieder Pupsen unter Zwang.

Doch weil der Druck nicht enden will,
da isst er nun vom guten Dill
und trinkt viel Wasser aus der Flasche
und riecht an seiner Hosentasche,
jedoch der Duft empört ihn sehr,
denn leider ist sein Darm nicht leer
und spielt ihm noch so manchen Streich,
erst morgen ist sein Bauch dann weich.

Ganz schnell

Ein Mensch, der wollte nur ganz schnell,
bevor es morgens ist ganz hell,
auf die Toilette gehen -
damit Erleicht'rung kann gescheh'n.

Bevor er seinen Weg dann fand,
da war's zu spät im Morgenland,
denn seine Hose war verschmutzt,
drum hat er's später abgeputzt.

Ein eitler Mensch

Ein Mensch, der eitel ohne Ende,
sich täglich pflegt, vergisst die Hände
zu waschen vor dem Abendessen,
weil heute fehl'n ihm die Interessen.

Am nächsten Morgen hat er Sorgen,
verschiebt das Waschen drum auf Morgen
und weil die Woche ihm zu hart,
die Körperpflege länger spart.

Nach ein paar Wochen wurd' gesprochen,
über den Mensch der stark gerochen
und da sein Ansehen ihm so wichtig,
so wäscht er sich jetzt wieder richtig.

Hosenduft

Bei manchen Menschen gibt's 'ne Kluft
es ist ein starker Hosenduft,
weil selten oder nie gewaschen,
riecht man ihn schon an Hosentaschen.

Nasenbohrer

Ein Mensch, der Nasenbohrer war,
der bohrte gern sein Nasenpaar
und holte aus der Tiefe so
manch' Popel raus und war sehr froh.

Doch jeder, der ihn sah beim Bohren,
der fand sein Finger unverfroren,
denn nur zum reinen Zeitvertreib,
geht man als Mensch doch nicht so weit.

Den Finger sollte daher nur,
man nutzen in der frei'n Natur,
oder im Klo oder zu Hause,
denn in Gesellschaft macht man Pause.

Bio-Toilettenpapier

Ein Mensch, war voll auf Bio-Waren,
nur eingestellt bis zu den Haaren,
drum kauft er das Beste ein,
den Bio-Käse und den Wein.

Drum wollte er für sein Po,
nur Bio für sein gutes Klo
aus Rohpapier mit Bio-Fäden
drum ging er in die Bio-Läden.

Doch weil er dieses so nicht fand,
da nahm er Blätter sich zur Hand,
aus seinem Garten einfach raus,
und wischte sich den Popo aus.

Drum wer so richtig Bio will,
der isst kein Bio-Fleisch vom Grill
und lebt direkt von seinem Garten
man muss ihm dieses strikt anraten.

Ein inkontinenter Mensch

Ein Mensch, der nichts mehr halten kann
und nicht mehr spürt den eigenen Drang,
der hat Intim ein Feuchtproblem
und lebt auch nicht bequem.

Weil seine Unterhose nass
und das andauernd immer krass,
geht er auch nicht mehr aus dem Haus,
weil Feuchtigkeit eilt ihm voraus.

So lebt er nun zurück gezogen
und hat die Nachbarn angelogen
und auch Verwandte, seine Kinder,
dabei nicht wenig minder.

Der muss nun dringend zum Termin
und ist auch dort erschie'n,
nur leider wie schon angenommen,
der gelbe Saft ist ihm entronnen.

So peinlich ist ihm diese Panne,
weil bis zur Rückkehr - dieser Spanne,
da ist der Weg ihm viel zu weit,
so stark ist schon sein Leid.

Drum trägt er endlich ein' Katheter,
von seinem Arzt, dem Doktor Peter,
so lernt uns dieses Ungemach,
dies Übel ist die klein're Schmach.

Lahmes Stück

Ein Mensch, der noch mehr liebe wollte
und immerzu zu Hause schmollte,
war unzufrieden her vom Trieb,
dabei sein Genital sich rieb -
und schaute sich viel nackte Körper,
wie ein pervers Gestörter,
doch Lust - die kam nicht wirklich auf
beim Handbetrieb-Ablauf.

So ging er in ein Freudenhaus
und zog sich seine Hose aus,
doch beim Verkehr da gab's ein Drama,
sein drittes Bein wurd' immer lahmer
und der Genuss blieb leider aus,
trotz einer geilen Maus.

So ging er nun frustriert nach Hause
und machte erst mal eine Pause,
doch nach 'ner Weile ganz subtil,
wurd' endlich mal sein Teil stabil!

Ein Athlet

Ein Mensch, der war Athlet,
wenn man den Sextrieb zählt
und das ganz konsequent,
wenn er mit ihr mal pennt.

Doch Sport bei seinem Bauch,
denn kann er manchmal auch,
nur nicht mit dieser Wonne,
schon eher wie 'ne Tonne.

Nun ehrlich, Sport tut gut,
drum das ein jeder tut,
doch manche Disziplin,
die muss man hart durchzieh'n.

Betrachtungsweise

Ein Mensch, der war ganz wund,
mit Hämatomen bunt,
so konnt' man es betrachten,
bis and're Leute lachten,
weil nur wer ihn gekannt,
ihn Tollpatsch drum genannt.

Ein Tänzer

Ein Mensch, der war ein Tänzer,
war früher mal Schulschwänzer,
doch heute tanzt er wie ein Gott,
mit Rhythmus richtig flott.

Und weil er liebt Bewegung,
so schafft er auch Erregung,
seitdem lebt er als Stripper
und hatte schon 'nen Tripper.

Doch leider fiel er hin,
auf Nase und auf Kinn,
jetzt ist er ganz entstellt
und kriegt auch mehr kein Geld.

In der Kürze

Ein Mensch, der liebte stets die Kürze
denn in der Kürze liegt die Würze,
doch in der Länge liegt Geschmack
drum geh' ihm ja nicht auf den Sack.

Eine sexy Frau

Eine Frau ist sexy,
drum ihr Mann versteckt sie,
weil er fürchtet Männer,
ganz besonders Kenner.

Sie bleibt nur zu Hause,
kämmt dort ihre Krause,
nur für ihren Mann,
macht nur diesen an.

Doch geht er zur Arbeit,
steht sie schon bereit,
hat dann viel' Verehrer,
liebt ihre Begehrer.

Bis ihr Mann kehrt früher heim,
findet seine Frau gemein,
in dem Bett ein and'rer
liegen beieinander.

Er wird zum Verbrecher,
wird zu einem Rächer,
schlägt sie ohne Gnade,
findet das nicht schade.

Denk an die Moral,
'ne sexy Frau bringt Qual,
niemals wird sie ganz allein
nur dein Eigen sein.

Ein Playboy

Ein Mensch, der war ein Playboy,
er war den Frauen nie treu
und pflegte so sein Laster,
wie andere spiel'n Canasta.

Er konnte gar nichts machen,
nur Damen nett anlachen,
mit seinem großen Charme,
er an die Weiber kam.

Die ganze Damenwelt,
die liebte ihn als Held,
trotzdem er brach' die Herzen,
sie war'n mit ihm am Scherzen.

Doch als er Eine traf,
sie war für ihn zu brav,
da war sein Herz am Pochen,
sie war so lieb am Kochen.

Da blieb er nur bei ihr
und zeugte Kinder vier,
so wundervolle Blagen,
das muss man offen sagen.

Drum merke, auch ein Frauenheld,
der allen gut gefällt,
der findet seinen Deckel doch,
das gönnt man dem Arschloch.

Dominus

Ein Mensch, der spielte Dominus,
doch leider war's 'ne dumme Nuss
und auch beim Sex war er der Führer,
mit Peitsche und mit Rührer.

Er glaubte an die Macht der Aura,
als alle lachten wurd' er saurer,
weil als Erscheinung war schlicht,
zu dick von dem Gewicht.

Der suchte 'ne devote Frau,
ob blond, ob braun, oder Kakao,
nur eine finden wollte er,
doch trotzdem blieb sein Käfig leer.

Doch eine Domse traf er dann,
seitdem ist er nur ihr Anhang
und steht nur unter ihrem Zwang,
ist Dinner der Madame.

So wurd' er schnell zu seinesgleichen,
als Sklave dienen und anreichen,
was wohl der größte Teil der Welt,
für unmöglich noch hält.

Schmutz

Ein Mensch, der suchte Schutz,
besonders gegen Schmutz,
denn Putzen war sein Faible,
er putze Türenhebel.

Doch wenn er Schmutz noch fand,
dann war er wie gebannt
und wischte voller Wucht,
das bisschen Dreck als Sucht.

Als er Besuch bekam,
da trieb's ihn in den Wahn,
weil dieser Dreck rein brachte
gar viel und gar nicht sachte.

So wurd' er eingeliefert,
so steht es überliefert,
in eine Heilanstalt,
dort putzt er für Gehalt.

Ahnen

Ein Mensch, der hatte Ahnen
und war sehr gern am Planen,
ein Kind das sollte her,
beim nächsten Bettverkehr.
Drum wollt er gerne wissen,
was sich sein Stamm gerissen,
wo sie den stammten her
und noch Details viel mehr.

So hat er nachgeforscht,
es war im ja nicht wurscht,
so fand er dann heraus
und das zu seinem Graus,
dass alle seine Ahnen,
vom Ursprung ihres Namen
her hießen Pippimacher,
das war für ihn kein Lacher.

Seitdem will er nun doch kein Kind,
weil seine Ahnenreihe spinnt
und bleibt gewollt nun kinderlos,
die Ahnen finden's kurios.

Ein Mensch, war Mensch

Ein Mensch, war Mensch und zeigte dies
und die Gefühle so raus lies,
dass and're Menschen dies verstörte,
die Ruhe ganz zerstörte.

Und jeder es unpassend fand,
weil es zu stark und insgesamt,
im Tonfall es zu laut geschrien,
vergleichbar wie bei Tieren.

Weil jener Mensch so laut abging
sein Stöhnen so anfing,
bei seinem Akt und das im Takt,
das ist der ganze Fakt.

Gefühlsübertragung

Ein Mensch, der wusste längst,
dass wenn du an ihn denkst,
Gefühle in dir steigen,
die sich dann offen zeigen.

Was immer dir entweicht
als Funken ihn erreicht,
er fühlt es in Sekunden
bleibt so mit dir verbunden.

Ein vornehmer Mensch

Ein Mensch mit eigenem Empfinden,
tut gerne die Krawatte binden
und Anzug und auch Weste tragen,
dass jeder weiß, er hat das Sagen.

Im besten Kreisen er verkehrt,
weil er so vornehm Porsche fährt
und seine eigene Familie,
die kennt sein Leben, seine Ziele.

So ist ein Mensch von seinem Schlage,
ein Gönner, das ist keine Frage,
nur manchmal wenn er ganz allein,
zeigt er sein wäre Ich - als Schwein!

Potenz

Ein junger Mensch hat die Potenz,
ein Alter die Essenz,
drum hat die Jugend einen Ständer,
im Alter sind's meist Blender.

Wer zeugungsfähig bleiben will,
isst besser keinen Müll,
ernährt sich gut und bleibt gesund
und hat nicht zu viele Pfund.

Ein verliebter Mensch

Ein Mensch, der seine Liebe fand,
der ging zum Standesamt,
um seine Liebe fest zubinden,
sie sollte nie verschwinden.

Doch nach der Hochzeit fing es an,
zu Ende war der Liebesklang,
denn Beide fingen an zu streiten,
sich Schlechtes auszubreiten.

So ließen sie sich wieder scheiden,
sie wollten sich nur meiden,
weil leider er sich in ihr irrte,
sein Liebesdrang verwirrte.

Drum wer sich bindet denke nach
und denke auch schon an den Krach,
denn beide manchmal führen können,
erst dann kann er sich Liebe gönnen.

Ehekrach

Ein Mensch, dem seine Ehe krachte,
der einfach sich dabei so dachte,
dass ohne sein Ehefrau,
da wär' sei Leben wow,
der hatte eine fiese Masche,
er log sich in die eig'ne Tasche
und wollt' sich niemals eingesteh'n,
er tat was überseh'n.

Denn jener Krach, der war sein eigen,
weil sein Charakter war am Neigen,
sich streitsam aufzubeugen
um diesen zu erzeugen.
Er sprach zu seiner Ehefrau,
ihr Kaffee sei zu lau
und ihre Art die wär' verkehrt,
weil sie ihn gar nicht ehrt.
So war er ungerecht schon immer
und er wurd' immer schlimmer,
bis seine Frau ihn dann verließ,
seit dem geht's ihm erst mies.

Einsamkeit

Ein Mensch ist einsam ohne Ende,
er sehnt sich drum nach einer Wende,
zum Inhalt und zum Zeitvertreib,
erhofft er sich ein Weib.

Durch Inserat und Internet,
das sucht er sich 'ne Frau ganz nett,
doch in Natura sieht er dann,
die Frau ist leider nur ein Mann.

Wie schade denkt er sich dabei,
sucht weiter in der Web-Kartei,
als er dann einen Treffer landet,
hat er sich dann verwandelt.

Er hat die Einsamkeit besiegt,
weil er auf ihr so gerne liegt
und sie nun später Kinder kriegt
Gemeinsamkeit was wiegt.

Ein kluger Mensch

Ein Mensch, der wollt' der Klügste sein,
doch leider war sein Hirn zu klein,
trotz Übung es ihm nicht gelang
ein Geistesüberhang.

Er quälte sich und nahm doch an,
er käme an mehr Leistung ran,
doch was zu viel ist, ist zu viel,
drum half's ihm leider nur subtil.

So unzufrieden gab er auf,
seitdem nahm er sein Leid in Kauf
und heiratet 'ne kluge Frau,
das war wohl richtig schlau.

Ratschlag

Bevor du ander'n gibt's 'nen Rat,
sei lieber selber zu dir hart
und prüfe, ob dein Fehler kleiner,
dein Herzen ist dafür reiner.

Erst dann und nur
wenn keine Spur
mehr ist in dir vorhanden -
kannst du 'nen Ratschlag richtig landen.

Falschparker

Ein Mensch, steht gern im Parkverbot,
mit seinem Wagen und kauft Brot,
beim Bäcker, nur ganz kurz mal rein,
als wär' der Parkplatz wie sein Heim.

Und auch nur zum Spazieren gehen,
lässt er das Auto mal quer stehen,
in allen falschen Haltezonen,
da parkt er um sich zu belohnen.

Denn ohne Parkschein spart er Geld,
er weiß, dass er sich falsch verhält
sein' PKW muss man abschleppen,
den Störenfried, den dummen Deppen.

Und so geschieht es doch noch mal,
man schleppt ihn ab mit großer Qual,
weil er so schlecht hat eingeparkt,
die Feuerwehr hat ihn verklagt.

Nun muss er zahlen, nicht zu knapp,
doch parkt er weiter in der Stadt,
wo er es will und einfach frech
und hat kein Knöllchen-Pech.

Ein Mensch mit dickem Wagen

Ein Mensch mit dickem Wagen,
der denkt, er kann was wagen,
verdrängt die kleinen Flitzer,
als wär' er Autobahnbesitzer.

Und drängelt im Verkehr,
verhält sich ganz unfair
auf rüpelhafte Art
und nimmst sich die Vorfahrt.

Nur leider hat er übersehen,
im Spiegel ganz extrem,
dass hinter ihm ein schneller Schlitten
tut ihn zu Seite bitten.

Der Rüpel fährt auf Millimeter
und ist ein Raudi-Täter
und als er selber Platz ihm macht,
wird er nun ausgelacht.

Drum merke, es gibt immer einen
und willst du's auch verneinen,
der dich weg drängt und auch abhängt,
dein Leben für dich lenkt.

Ein Ungeheuer

Ein Mensch sitzt an dem Steuer
so wie Ungeheuer
und drückt mit seinen Füßen
das Gas und lässt es grüßen.

So mit Gewalt und Ungemach,
so wie der Teufel sprach,
so fährt er alle Autobahnen
und hasst dabei die Lahmen.

Er bittet nicht, nein er verdreht,
das Auto wie es steht,
im Kreis da fährt er ohne Gnade
und drückt die Kurve grade.

Drum ist er so, wie ein Prophet,
weil er das Warten ja verschmäht
und jede Lücke im Verkehr,
zurecht drückt und zwar leer.

So fuhr er manches Auto platt,
und kriegte ständig Neu-Rabatt,
doch jetzt, da ist sein Lappen weg,
von diesem Autoschreck.

Und alle Straßen wieder sicher
zum Glück jetzt narrensicher,
denn solche miesen Autotrolle,
die brauchen stets Kontrolle.

Verkehrsrowdy

Ein Mensch fuhr für sein Leben gern,
am besten noch mit großem Lärm
und Schnelligkeit auf unseren Straßen,
und war dabei am Rasen.

Er nahm die Regeln nicht genau
und fuhr auch öfters mal ganz blau,
und hupte, und schnitt and're Fahrer,
und war auch kein Spritsparer.

Bis eines Tages nun der Blitz,
er saß gemütlich in dem Sitz
von seiner Luxuslimousine,
ein Foto machte seiner Mine.

Nun war der Führerschein ganz weg,
es hatte nun für ihn kein Zweck.
Er musste mit der Bahn nun fahr'n
und seine Routen ständig plan'n.

Zum Glück wurd' er nun doch gestoppt,
denn solche Raser sind bekloppt,
weil im Verkehr da gilt Rücksicht,
sie ist und bleibt für Fahrer Pflicht.

Verbotsschild

Auf einem großen Hinweisschild
da stand, dass nur dies eine gilt,
drum müsste man es wohl versteh'n,
jedoch man kann's auch überseh'n.

Denn nur wer lesen kann, kapiert,
dass dieses Schild nur imitiert
ein Recht, das nirgendwo was gilt,
außer dem Wunsch auf diesem Schild.

Wer sich nicht fügt, wird abgeschleppt,
mit seinem Wagen nicht ganz nett
und kriegt als Strafe eine Mahnung
und soll dann leisten eine Zahlung.

Jedoch nur wenn es jemand stört,
dann wird die Regel vorgeführt
und führt zu einer Haftungsstrafe,
für all die kleinen, dummen Schafe.

Schleicher

Manche Autofahrer schleichen,
drum möcht' man sie gerne streichen,
man kann ihnen nicht entweichen,
weil so viele ihnen gleichen.

Wehen

Eine Frau, die hatte Wehen
und ihr Bauch war sich am Drehen,
weil das Baby sehr aktiv,
sich bewegte kreativ.

Ja, so war sie sehr geplagt,
hat der Hausarbeit entsagt
weil die Schmerzen und das Drücken,
sind bei Schwangerschaft die Tücken.

Doch bis plötzlich dann die Wehen,
mit dem Baby war'n am Flehen,
weil es jetzt schnell kommen wollte
und der Muttermund nun schmollte.

Als sie dann fuhr' zur Hebamme,
hatte sie Presswehen stramme
und sie drückte bis es kam,
doch zuerst sah man ein' Arm.

Dann kam es aus ihrem Leib,
denn das Baby war soweit
und zum ersten Mal es schreite,
sich ins Leben so befreite.

Nun war sie so sehr erleichtert
und der Vater nun erheitert,
dass die Schwangerschaft beendet,
alle Qualen war'n vollendet.

Erst danach hat sie erkannt,
das ein Engel ward' entsandt,
doch die Freude ward nicht lange
weil das Baby schrie mit Klange.

Ein kleiner Mensch

Ein Mensch kommt klein auf diese Welt,
hat keine Taschen und kein Geld,
doch trotzdem wird ihm viel bestellt,
egal ob's ihm gefällt.

So klein und ohne eine Bitte,
erhält er öfters schon die Titte
und saub're Windeln, Muttermilch,
gibt's auch für diesen Knilch.

Es wird ihm neu was angezogen
und kostenlos wird er gewogen
und auch ein Bett wird ihm geschenkt,
ja einfach aufgedrängt.

So wird er groß in einer Fülle,
er glaubt, er lebt in der Idylle,
doch später muss er selbst sich Sorgen,
um seine Zukunft, die von Morgen.

Ein neugeborener Mensch

Ein Mensch, war neu geboren,
zum Leben auserkoren
und in das Licht der Welt,
da war er reingestellt.

Der erste Atemzug,
der war für ihn sehr klug,
weil Luft ihm Leben schenkte,
ihn fortan selber lenkte.

So war er stark verbunden,
zu wachsen, zu gesunden,
mit seiner Mutterbrust,
das hat er schon gewusst.

Und saugte Milch von ihr,
drum war ja schon hier,
um diese auszukosten,
sein Mund war auf dem Posten.

So war die Brust dann leer,
und er fand das unfair
und fing dann an zu weinen,
so wie bei allen Kleinen.

Doch weil er warten musste,
das ihn dann richtig fruste,
seitdem schreit er vermehrt
und hat sich so gewehrt.

Ein Mensch, der neugeboren,
ist ohne Milch verloren,
drum ist er richtig laut,
der Mutter Ruhe raubt.

Ein armer Schüler

Ein Schüler in die Klasse ging,
obwohl es gar nicht war sein Ding
der quälte sich von Stund' zu Stund',
und saß sich seinen Po ganz Wund.

Der Schüler müsste nun vorlesen,
was seine Art nie war gewesen
und rechnen und dabei erklären
um seine Freizeit zu entbehren.

Das passte diesem Schüler nicht,
drum schrieb er heute dies Gedicht,
um andere vor dem Leid zu warnen,
was Lehrer dummerweise planen.

Mutterliebe

Ein Mensch aß gerne Butter,
befahl ihm seine Mutter,
drum schmierte er die Brote,
sonst's gab's von ihr Verbote.

So war die Mutterliebe,
dass er bei ihr gern' bliebe
und heut' noch nach ihr sehnt,
drum sei es hier erwähnt.

Gruppentherapie

Gruppentherapie -
ganz so wie noch nie
turnen, tanzen viel -
Kindlichkeit im Spiel.
Alle sind dabei –
manche machen frei!
Die, die sich bemüh'n
voller Hoffnung sprüh'n
sehen alles grün.
Wer sich stark belastet -
innerlich abtastet,
töpfert oder bastelt
oder ganz abkapselt
weiß wovon ich spreche
die Kasse zahlt die Zeche!

Ein genauer Lehrer

Ein Mensch, war Lehrer und genau,
das war sein Schicksal im Aufbau,
weil alles, was er je erlernte
den Schülern detailliert erklärte.

Er war ein Kenner seiner Fächer,
und leider auch ein mieser Sprecher,
sein Unterricht war so ein Krampf,
so rauchte mancher Schüler Hanf.

Und auch Privat, war er am Richten,
mit seinen Unterrichtsgeschichten,
so dass er keine Freunde fand,
das war dem Schulrat schon bekannt.

Und als er in Pension dann ging,
im Aushang er ein' Zettel hing,
zur Richtigstellung wie ein Spießer,
sein Unterricht sei für Genießer.

Kindermensch

Manche Menschen bleiben Kinder,
bleiben geistig minder,
spielen daher immer weiter,
leben scheinbar heiter.
Doch Erwachsen werde sie,
ganz durch die Chemie,
wenn in ihren Körperteilen
Krankheiten verheilen.

Denn wenn Krankheit nicht vergeht,
einfach weiter steht,
bleibt der Mensch für sich ein Kind,
dass er weiter spinnt
und hofft auf das nächste Ziel,
auf den nächsten Deal,
bis zum Ende seiner Tage,
jugendlicher Plage.

Babylachen

Die schönste aller Sachen,
ist nur ein Babylachen,
so süß und voller Reinheit
vertreibt es die Gemeinheit
und ist uns am Erwärmen
um Liebe zu erlernen.

Blindekuh

Ein Mensch, der spielte Blindekuh
vielleicht sogar wie du,
zu seiner Freude kam im Nuh',
ein anderer Mensch hinzu.

Der ebenfalls am Suchen war,
doch leider auch nichts sah',
bis er ihm in die Quere kam,
ihm seinen Platz wegnahm.

Jetzt muss der Mensch sich auch verstecken,
mit anderen in den Ecken.
Ein neuer Blinder muss sie finden,
beim Tasten sich abschinden.

So läuft das Spiel ein Leben lang
und fängt von vorne an,
weil niemand sieht, was vor ihm steht
und blind im Leben geht.

Ein Nase-Bär

Ein Bär, mit einer klein-groß Nase,
der hatte Augen wie ein Hase,
sah lustig aus und konnte tanzen,
doch tat sich verschanzten.

Bis eines Tages kam ein Huhn,
das wollte sich nur mal ausruh'n,
an seiner Höhle kam vorbei
und legte dort spontan ein Ei.

Der Bär bemerkte es sofort,
das Huhn an seinem falschen Ort
und kriegte Panik ohnegleichen
und floh in die Botanik.

Doch trat er in das Ei
und machte es kaputt, auwei,
so lief er fortan nun verschmutzt,
sein linker Fuß wurd' nicht geputzt.

Dort draußen schaute er sich um,
ihm fehlte leider jetzt Schwung
und kauerte nun unter Palmen
von weiten sah er's qualmen.

Sein Herz begann mit schnellen Schlägen
zu pumpen und ihn nun zu quälen,
er fragte sich, was dort passierte,
und dabei fantasierte.

Der Nase-Bär war nun gewarnt,
drum hat er sich nun schnell getarnt,
als eine Palme unter vielen
mit Blättern, grünen Stielen.

Nach kurzer Zeit wurd' er stocksteif,
ein Affe kam und fand ihn reif
und wollte von dem Palmenbaum,
'ne Kokosnuss schnell klau'n.

Doch als der Affe nun bemerkte,
dass dieser Baum sich nun verstärkte
und nur ein Bär als Tarnung war,
da wurde er ganz starr.

Die beiden so in Unbewegung,
nun standen da in der Erregung,
und wagten nicht schnell wegzulaufen,
oder sich gar zu raufen.

Doch als der Bär nun niesen musste,
da wurd' dem Affen nun bewusste,
dass dieser Bär war ungefährlich,
da fand er ihn gar herrlich.

Die beiden wurden dicke Freunde
viel mehr als man sich das erträumte,
weil sie sich nun gefunden hatten,
das muss man ihnen wohl gestatten.

So ungleich war das Paar,
doch das ich's mir erspar',
zusammen war'n sie wunderbar,
für jeden der sie sah'.

Denn wo zwei Wesen sich getroffen,
da ist das Schicksal wohl betroffen,
der Affe und auch Nase-Bär,
die mochten sich so sehr.

Und wer sie heut' noch treffen tut,
der sieht die Freude sehr akut,
trotz beider Unterschiede,
da herrscht bis heut' noch Friede.

Denn nur weil wer verschieden ist,
die gute Freundschaft nie vergisst
und anderen lässt so wie er ist,
der ist auch kein Rassist.

Böse Menschen

Ein Mensch war richtig böse
und das mit viel Getöse,
in seinem Sprachgebrauch,
da war das Böse auch.

Er war als Chef bekannt
und war nicht sehr charmant,
sein Posten am Bekleiden,
drum konnt' ihn niemand leiden.

Bis eines schönen Tages,
ein Böser seines Schlages,
ihn traf und auch verletzte,
drum er sich widersetzte.

Die beiden bösen Buben,
sich ihre Gräber gruben,
weil jeder jeden hasste,
'ne Schwäche drum abpasste.

Und weil das Böse siegte,
nun beide Seelen kriegte,
sind sie nur noch Geschichte
und steh'n jetzt vor Gerichte.

Ein braver Mensch

Ein Mensch, der war ein braver Mann
und niemals Böses was ersahn',
doch einmal nur in seinem Leben
da wollt er sich - als Teufel geben.

Drum plante er sich einen Streich
und suchte sich, sein Opfer gleich,
doch bei dem Ganzen ging was schief,
sein Karma ist nun negativ.

Ein gieriger Mensch

Ein Mensch von Gier und Neid belastet,
sehr gerne mal ausrastet,
wenn andere sich erfolgreich zeigen,
kann er nicht ruhig mehr bleiben.

Die Gier, die hat ihn ganz zerfressen,
drum will er andere stressen,
weil dieser Mensch mit Neid suchst Zwist,
gebraucht er gern' manch' List.

So sind die Gierigen geboren
und leider auch verloren,
weil bis zum Ende ihrer Tage,
sind sie für uns 'ne Plage.

Ein brutaler Mensch

Ein Mensch, war derb und sehr brutal,
sein Zorn war sehr vital,
er kämpfe seine Urgewalt
und schlug die Menschen halt.

Das Übel nahm von ihm Gestalt,
drum hat es oft geknallt,
wenn er auf andere Menschen traf,
dann fand Gewalt Bedarf.

Er wurde daher kalt gestellt,
und kriegte dafür sehr viel Geld,
damit er sich im Zaune hielte,
auf andere schlag voll zielte.

So war er Profischläger nun
und konnte sich ausruh'n,
doch wenn es ihn spontan noch juckte,
er mit den Fäusten zuckte.

Ein korrupter Mensch

Ein Mensch, welcher ganz käuflich war,
der sagte immer zu schön: „Ja!"
zu jedem der ihn sehr gut schmiert,
dass es sich gut rentiert.

Er machte daher groß Karriere,
und kriegte für sein Schweigen Ehre
und war ein kontrollierter Depp
das war sein wahrer Lebenszweck.

Doch Marionetten tauscht man aus,
so schmiss man ihn als gierig raus,
er kriegte seinen Hals nicht voll,
vom Hochhaus fiel er grauenvoll.

Wer käuflich sich als Mensch verpfändet,
der meistens richtig Böse endet,
drum denke einfach vorher dran,
dass Geld verliert so seinen Bann.

Ein falscher Mensch

Ein Mensch, war falsch, nicht seriös,
das macht ihn niemals nervös,
er log das sich die Balken bogen,
weil er war falsch erzogen.

Man konnte ihn nicht einmal trauen,
weil er wollt' einen nur beklauen,
drum hat man ihm das nicht verziehen,
er musste ganz weit fliehen.

Doch hat er daraus nicht gelernt,
er hat sich geistig nicht entkernt
und ist der Alte stets geblieben,
und weiter es ganz doll getrieben.

Drum haltet euch von Falschen fern,
sie sind von ihrem tiefen Kern,
die Schande unter allen Menschen,
man muss sie darum stets bekämpfen.

Ein grober Mensch

Ein Mensch, ist einfach richtig grob
und kriegt daher auch nie ein Lob,
weil seine Finger alles spalten,
und viel zu heftig festehalten.
Drum ist er nicht gut angesehen,
das muss ein jeder doch verstehen,
ein Grobklotz dieser Gattungsart,
ist ungeschickt und gar nicht zart.

Doch es gibt einen guten Herrn,
der dies bedauert insofern,
dass er ihn einmal zu sich lädt
und das auch richtig spät.
Der Grobklotz fühlt sich drum geehrt
und macht schon wieder was verkehrt,
er falte viel zu hart die Karte,
die ihn zur Ladung schon erwarte,
was bleibt ist nur ein Fetzten noch,
der in der Mitte hat ein Loch.

Er zeigt am Eingang seine Karte
und sieht in einen Hasenscharte,
der Herr ist nicht sehr fotogen,
und hat auch ein Ekzem.

Er bittet ihn nun ruhig herein,
und redet mit ihm nur Latein,
der Grobklotz fühlt sich drum nicht wohl
und trinkt nun auch kein Alkohol
und macht zum ersten Mal im Leben,
das soll ja auch geben,
nicht mal ein kleines Glas kaputt
und legt auch nichts in Schutt.

Den Abschied nimmt er darum schnell
weil dieser Herr ihm visuell
erschrocken hat in einer Art,
die fand er selber hart.
Seitdem hat er nur selten noch
etwas zerstört und wenn dann doch,
weil denkt er nur an diesen Mann,
so fängt sein Schock von vorne an.

Ein fluchender Mensch

Ein Mensch, der war auf Dauer,
schon öfters mal sehr sauer
und war auch oft am Fluchen,
ein schlechtes Wort am Suchen.

Bis er vom Hocker fiel,
ganz hinten aufs Profil
und sich sein Hirn verletzte,
sein Geist sich widersetzte.

Von nun an war er brav
ganz ohne den Bedarf,
zu fluchen und zu meckern,
er war jetzt meist am Kleckern.

Auf alte Wesenszüge
da fehlten ihm Bezüge,
auf Gestern und auf Heute,
auf Namen und auf Leute.

Er war ein Pflegefall
durch geistigen Zerfall
und nicht mehr in der Lage,
zu stellen eine Frage.

Denn Meckern und auch Fluchen,
kann einen auch heimsuchen,
Gemütlichkeit hingegen,
bringt meistens einem Segen.

Ein niveauloser Mensch

Ein Mensch, der hatte kein Niveau,
drum war er immer so,
dass nichts für ihn bedeutsam war,
sein Mitgefühl war rar.

Doch als er selber mal betroffen,
da war er dann am Hoffen,
das andere seinen Schicksalsschlag,
als Wertung fänden hart.

Nun weil er selber wie ein Klotz,
niveaulos lebte so zum Trotz,
da fanden andere nun kein Wort,
drum hat er nach gebohrt.

So war am Ende er verbittert
als Mensch nun ganz zerknittert,
drum merke ohne ein Niveau,
fehlt Dir der Status quo.

Ein großkotziger Mensch

Ein Mensch lebt seine Lebensart,
sehr rau und nicht mit Worten spart,
um and're unter sich zu stellen,
in einfach allen Fällen.

Der Großkotz ist drum unbeliebt
und sammelt so manch' Seitenhieb,
doch das alleine stört ihn wenig,
er fühlt sich wie ein Fürst, rein selig.

So trifft er einen anderen Gönner,
der seines Namens auch ein Könner,
mit großem Maul ihn nun zusetzt,
ihn einfach nur ersetzt.

So ist das Großmaul nun sprachlos
und hat im Hals nun einen Klos,
niemals da hätte er's gedacht,
dass man mit ihm das macht.

Fehlersucher

Ein Mensch, war sehr verbissen,
ihm fehlte sein Gewissen.
Er wollte alles wissen,
wie's anderen geht beschissen.

Drum lag er auf der Lauer
und schaute hin genauer,
doch leider nicht bei sich,
weil er um andere schlich.

Denn es war Schadenfreude,
in ihm ein stummer Zeuge,
sein schlimmes Fehlverhalten,
sein Herz war am Erkalten.

Ein Mensch, den er sehr plagte
ihm darum Wahrheit sagte,
dass er ihn einfach nerve
und das in aller Schärfe.

So war er sehr betroffen,
weil er war oft besoffen.
so bloß gestellt zur Schau,
da sah man, er war blau.

Nun kannte jeder sein Problem,
das war ihm nicht genehm
und jeder hat ihn angeschaut,
sein Ruf war nun versaut.

Ein Täter

Ein Mensch, der war ein Täter,
denn Rest erzähl' ich später,
er hatte einen schlechten Ruf,
wie Gott ihn so erschuf.

Sein Leben war kaputt soweit
drum suchte er fortan nur Streit
und lies sich so zum Bruch verführen,
vom bösen Geist berühren.

Der Bruch ging leider richtig schief
drum fiel dabei er richtig tief
seitdem sitzt er nun noch im Knast,
sein Lebensstil, er passt.

Nicht Umwelt, nein - ein Täter schafft,
sich selber opferhaft,
von Anbeginn hat er die Kraft,
ob er sein Leben rafft.

Ein Betrüger

Ein Mensch, der ein Betrüger war,
der dachte sich, ich mach's nochmal,
die Vorteilsnahme seiner Tat,
die fand er gar nicht hart.

Doch bei Durchführung eben dieser,
da wurde er noch einmal fieser
und zockte arme Menschen ab,
dabei ging was nicht richtig glatt.

Jetzt sitzt er hinter dicken Gittern,
und nachts im Schlaf ist er am Zittern,
doch Reue kann er nicht ertragen
jetzt hat er Schmerzen auch im Magen.

So muss er für sein Handeln büßen,
die Strafe lässt ihn täglich grüßen,
denn alles was ein Mensch getan,
das war sein eig'ner Plan.

Ein Blender

Ein Mensch der war ein Blender,
ein richtiger Verschwender,
drum war sein Konto leer,
er wollte immer mehr.

Er lebte nur nach Außen,
war gern' sich am Besaufen
und fuhr 'ne große Karre
und raucht auch Zigarre.

Sein Luxus war sein Leben,
drum konnt' man ihn bereden
er lebte viel zu laut,
so hat man ihn beklaut.

Jetzt hat er noch mehr Schulden,
muss Armut ganz erdulden
und schämt sich sondergleichen,
sein Essen tut kaum reichen.

Ein hart gesottener Mensch

Ein Mensch war hart gesotten,
im Krieg bei allen Flotten
und selbst im Kampf doch sehr erprobt
vom Vorgesetzten hochgelobt.

Doch als er einen Unfall hatte
da war die Psyche wie aus Watte,
denn schon ein kleiner Tropfen Blut,
der tat ihm gar nicht gut.

Er hatte sich beim Brote schneiden
und trotzdem war er kaum am Leiden,
schon fast den Finger abgetrennt,
doch nur das Blut war Schockmoment.

So ist er hart, ganz umgekippt
und war ein wenig eingenickt,
erst als er wieder bei sich war,
da wurde ihm die Schande klar.

Wer ohne Finger ist als Mann,
an dem ist wohl zu wenig dran,
so hat er sich vom Arm getrennt,
damit man ihn als Held nun nennt.

Erzogen

Ein Mensch, der war erzogen
drum hat er nicht gelogen,
ich muss von ihm berichten
von seinen Arbeitspflichten.

Denn er war Pressesprecher
ein ganz besonders frecher
und nur durch den Beruf,
er Lügen drum erschuf.

Und selbst seine Familie,
die hassten seine Ziele,
die er ins Mikro sprach,
die Pflicht zur Wahrheit brach.

Obwohl er sonst nie log
und Menschen nicht betrog,
so glaubte keiner ihm,
in seinem Arbeitsteam.

So galt er nur als Lügenbold
durch seine Arbeit erst gewollt,
und die Moral manch' Arbeit bricht,
die Wahrheit die man spricht.

Konkurrenz

Ein Mensch, der hatte Konkurrenz,
auf einer großen Konferenz,
sein Kontrahent war ziemlich gut,
drum hat man ihn wohl ausgebuht,
weil sein Leistung schlechter war,
das fand er für sich sonderbar,
denn er fand sich so richtig toll,
und nahm sich ganz für voll.

Doch leider war das Publikum,
für seine Wertung nur zu dumm,
so ist er einfach abgehau'n,
um diese Pleite zu verdau'n.
Zu Hause dacht' er dann nach
und so erkannte er die Schmach,
fortan schrieb er nur noch für sich,
und mit der Konkurrenz verglich.

Ein mangelhafter Kaufmann

Ein Mensch, der sein Geschäft schlecht führte,
die Mängel seiner Arbeit spürte,
der wusste nichts vom Arbeitsrecht
und lebte selbstgerecht.

Als Kaufmann war er eine Niete,
in Arbeit er sich nie rein kniete,
der wollte trotzdem Wohlstand haben
um die Gewinne groß zu jagen.

Drum war er dreist und sehr gemein,
zu seiner Kundschaft gar nicht fein,
weil er betrog stets alle Kunden
und zockte ab bei dem Aufrunden.

Bis eines Tages ein Jurist,
der setzte ihm nun eine Frist,
seitdem steht er in Haftungszwang,
vorbei ist nun sei Überhang.

Drum merke, wer Geschäfte türkt
und glaubt, dass seine Lüge wirkt,
der zahlt am Ende jeden Schaden,
mit seinem Schicksal ohne Gnaden.

Ein Reporter

Ein Mensch, der war Reporter
und fuhr dabei Transporter,
denn auf 'nen Topbericht,
da war er stets erpicht.

Doch kam er meist zu spät,
und es war abgedreht,
so wurd' er nicht gebucht,
er fühlte sich verflucht.

So plante er Anschläge
und brachte die Beiträge,
als Erster und Vororte,
mit seinem O-Ton-Worte.

Und alle ander'n Sender,
egal aus welchen Ländern,
die kauften die Berichte,
von ihm seine Geschichte.

Doch dann kam je das Ende,
beim ihm auf dem Gelände,
weil dort fand man die Spuren,
von seinen Fake-Strukturen.

Seitdem sitzt er im Knast,
dass Fernsehen ist sein Gast,
denn seine Lebensbeichte,
die Zuschauer erweichte.

Starallüren

Ein Mensch, der fühlte sich erhoben,
drum trug er seine Nase oben,
als Meister und mit Würdentitel,
in seinem Hochglanz-Kittel.

Sein Blick war ganz erfüllt vom Sein,
ein jeder fühlte sich gleich klein,
in seiner Nähe war kein Raum,
man mochte ihn nicht gern anschau'n.

Als man nun seinen Doktortitel,
durchsuchte fand man ein Kapitel,
dass seine Arbeit war geklaut,
das hat ihm seinen Ruf versaut.

Seitdem sind seine Staralüren,
nicht mehr als nur Gerichtslektüren,
den Titel hat er drum verloren
zum Meister fehlten ihm Faktoren.

Ein streitbarer Mensch

Ein Mensch, gern' für sein Leben stritt,
der machte jeden Scheiß nicht mit
und ihn zu führen hinters Licht,
nein, das gelang ihm selber nicht.

Er hatte seine Meinung fest
und gegen Widerstand gepresst,
da hat er sich gern durchgesetzt,
wenn andere haben Dreck geschwätzt.

Denn er war ganz Patent und stritt,
dass jeder Gegner von ihm litt
und weil sein Wissen war konkret,
da war's für Dumme je zu spät.

So hat er alle weg gegrillt,
weil Wahrheit jeden Geist gut stillt,
drum merk dir, sei lieber still,
wenn du ihn triffst, so wie er will.

Neider

Ein Mensch, der hatte Neider,
das muss sagen – leider,
denn er war ganz speziell
und das ganz offiziell.

So war er drum verhasst
und war nicht angepasst,
weil seine eig'ne Meinung,
die bracht' er in Erscheinung.

So eckte er oft an
und nahm sich alle dran,
die rein von ihrem Wert,
gar menschlich war'n verkehrt.

Das brachte ihm Verluste,
doch er blieb drum robuste
und blieb sich immer treu,
dass ich mich heute freu'.

Denn wahre echte Kenner,
für die bleibt er eine Renner,
sie kennen seine Namen
noch heut' aus seinen Dramen.

Nette Nachbarn

Nette Nachbarn grüßen gern,
meistens aus der Fern'
und man sieht sie selten nur,
meistens auf dem Flur.
Trifft man einen in der Stadt,
wird man zwar erkannt,
doch man tut so unbedacht,
nur ein bisschen lacht.
Wenn im Hause was passiert,
sie's nie interessiert,
weil angeblich sie verreisten
und das noch am Meisten.
Aber wenn ein Fremder fragt,
sind die Nachbarn sehr begabt
und erklären haargenau,
wann man trank Kakao.
So ist gute Nachbarschaft
eine ruhige Kraft,
drum wird sie so wertgeschätzt,
hinterrücks geschwätzt.

Behördengänge

Formulare, rote Stempel,
gibt es im Behördentempel,
große Gänge, weite Flure,
folgt der Bürger längst der Spure.

Manchmal steht auf einem Schild:
„Leider war'n sie heut' zu spät,
bitte komme sie noch einmal,
vor dem Mittagsmahl."

Wenn man eine Nummer zieht
und die lange Liste sieht,
kann man sich's schon denken,
man kann's sich's heute schenken,
besser kommt man andermal,
in den großen Wartesaal.

Erst wenn man die lange Qual,
einer lange Wartezahl,
durchgemacht und überstanden,
dann ist man im Raum der Banden
und man gibt sein Schreiben ab
in dem Rathaus seiner Stadt.

Doch was teilt man uns dann mit,
dass ein kleiner Scherenschnitt,
in dem Schreiben das wir gaben
hat die falschen Farben,

drum da gibt's kein Dokument
weil man uns den Fehler nennt
nur weil alle Regeln gelten,
so wie sie, sie stellten.

So versuchen wir's nochmal,
nur ein anderer Tag als Zahl,
denn dann kommen wir komplett
und wir spielen ihr Roulette,
dass Behörden seit Beginn
konstruierten ohne Sinn.

Gier

Ein Mensch wirft einem anderen vor
und schießt sich so ein Eigentor,
er wäre gierig ohnegleichen,
doch frönt er selber nur dem Reichen.

Ein Ehrenamt

Ein Mensch, mit einem Ehrenamt,
hat sich in dieses ganz verrannt,
weil leider hat er nicht erkannt,
wie seine Zeit verschwand.

So gab er alles und viel mehr,
doch so verlor er seine Ehr',
weil andere sich das Maul zerrissen,
er wäre zu verbissen.

Nur Neid und Ärger waren drin,
die Arbeit machte keinen Sinn,
so wurd' er traurig depressiv,
er war wohl zu naiv.

Drum legte er sein Ehrenamt
schnell ab und hat's verbannt
und wurde wieder ausgeglichen,
sein Frust war ganz gewichen.

Drum merke, wer ein Ehrenamt
hier führt in diesem Land,
der ist verrückt und wird verkannt,
sein Name ist verbrannt.

Ein Meister

Ein Mensch, der sich als Meister fühlte
und innerlich niemals abkühlte,
war überzeugt nur dies zu sein,
sein Geist fiel darauf rein.

Der setze sein Bestreben fort,
dass alle Welt nur seinem Wort,
Beachtung und auch Demut bringe,
als Meister sie bezwinge.

Doch keiner nahm's den Spinner ab,
sie lachten sich nur richtig schlapp,
er wurde traurig, depressiv,
weil er war wohl zu naiv.

Drum merke nur ein Meister ist,
der weise ist als Humorist
und andere stets zum Lachen zwingt,
dabei ein bisschen spinnt.

Eine Unterhaltung

Ein Mensch hat sich mal unterhalten,
dass seine Stirn schon zog die Falten,
weil so ein Unmensch mit ihm sprach,
das war sein Ungemach.

Der Unmensch war so überzeugt
und hat sich zu ihm hin gebeugt,
zum Reden seiner Einzelheiten,
er wollt' sie an ihn weiterleiten.

Doch unser'n Menschen hat's empört
und hat sein Monolog zerstört.
Der Unmensch war nun ungehalten
und zog mit sei'm Gesicht nun Falten.

So unser Mensch war nun befreit
und lehnte darauf ab den Streit,
seitdem ha'n beide kein Kontakt,
weil Reden braucht den gleichen Takt.

Ein Gast

Ein Mensch hat einen Gast,
der fällt heut' ihm zur Last,
weil dieser sich erdreistet,
sich Freiheit bei ihm leistet.

Sein Essen wär' zu lasch,
das meint er gar zu rasch,
als erst er einen Bissen
dem Teller hat entrissen.

Und erst das Wohnzimmer,
das wär' ja sonnenklar,
wär' farblich viel zu bieder
und macht den Farbton nieder.

So wird ihm das zu viel,
sein Gast hat keinen Stil
und täuscht Migräne vor
und lächelt mit Humor.

Als dieser endlich geht,
sein Ärger nun verweht,
erfreut er sich alleine,
ganz ohne Gast ihm Heime
und schwört dem Störenfried,
das man sich nie mehr sieht.

Schraube Locker

Ein Mensch fand eine Schraube locker
von seinem Küchenhocker,
drum nahm er einen Schraubenzieher
und schraubte sie mal vier.

Doch leider war sein Handwerk krumm
und jene Schraube hing nun 'rum,
dass er es noch einmal probierte,
doch leider diese nun verlierte.

Jetzt sucht er jene Schraube noch,
so hat sein Stuhl jetzt drum ein Loch,
drauf sitzen kann er auch nicht mehr,
ein neuer Stuhl - der muss nun her.

Drum merk' es dir
und auch kapier',
ein Handwerk ist nicht zu ersetzten,
denn wer's nicht kann, tut was verletzten.

Eingeklemmter Finger

Ein Mensch klemmt sich den Finger ein,
er findet das doch sehr gemein
und weil es niemand Interessierte,
es ihn so sehr frustrierte.

Er legt sich daher ein' Verband
ganz groß und sichtbar an die Hand,
obwohl es nur der Finger war,
sowie ein dummer Narr.

Mit extra leiderfüllter Mine,
dass man dies sieht und es ihm diene,
geht er gut sichtbar auf und ab
und das auch nicht zu knapp.

Doch er erfährt, trotzdem kein Mitleid,
weil niemand der ihn sieht, die Zeit hat,
so schmollt er nun für sich allein,
die Welt, sie sei doch so gemein.

Drum merke dir, was dir passiert,
das hat das Schicksal wohl diktiert,
drum warte nicht auf Resonanz,
das Leben ist ein Eiertanz.

Einkaufsdrängler

In der Einkaufsschlange
bist du in der Zange.
Alle Menschengruppen,
treffen sich in Truppen,
vorne Platzverschwender
legen auf die Bänder
ihre Superschnäppchen,
Bohnen und Konfettchen.

Hinter dir Einenger,
richtig miese Drängler,
drücken ohne Fragen
mit dem Einkaufswagen,
fahr'n dir in die Hacken,
in die Schuhe die Macken
und tun ganz auf wichtig,
bleiben uneinsichtig.

Ja, es ist ein Leid,
das sich gern einreiht,
in der Einkaufsschlange
wartest du drum lange
und hast hinterher
keine Freude mehr,
denn vor jeder Kasse,
drückt die Einkaufsmasse.

Mittenradikal

<u>Mittenradikal spricht:</u>

„Nicht Links, nicht Rechts
nein, in der Mitte,
bin ich von Euch der Dritte!
Drum spottet nicht,
hört mein Gedicht!"

„Ihr glaubt,
Ihr würdet besser streiten?
Drum wartet ab,
mein Wort
wird Euch ein End' bereiten.
Nur wer die Mitte kennt,
weiß was Euch beide trennt
und meiner Trennungslinie,
der radikal ich diene!
Ich bin viel stärker als das Außen,
Ihr Beide seid nur draußen,
doch mittig steht das Potenzial
und hat die bess're Zahl!
So müsst Ihr nun begreifen
und nicht nur immer außen streifen,
dass nur wer Ich,
auf beiden Seiten
fest steht -
kann richtig streiten!
So geht mir aus der Mittelpunkt,
Ihr beide seid nur Hintergrund!"

Linksradikal antwortet:

„Nun hör mal,
Du dumme Mitte,
Du bist nur ein Gerippe,
wer von und zu
sich setzt zur Ruh'
und will mit mir sich streitbar tun,
den werde ich ausbuh'n!
Du bist nichts weiter als ein Schwindel,
nur blödestes Gesindel,
das sich nur wichtig tut
ohne ein wahres Gut.
So geh' und lerne erst mal Prahlen,
nur ich kenn' die Formalien.
Und wenn Du meiner würdig bist,
erst dann erzählst Du mir dein Mist!"

Rechtsradikal antwortet:

„Also, so viel von diesem gleichen,
hab ich genügend und kann streichen.
Ihr beide glaubt, Ihr würdet wissen,
was besser ist als mein Gewissen?

Nun ja, man hat Euch ins Hirn geschissen!
Ihr beide seit nur anstandslos
und einfach kurios!

Wie könnt Ihr nur vermessen sein
und könnt noch nicht mal das Latein
und redet wie ein altes Schwein,
geht lieber Heim -
denn ich bin böser und gemein!"

Mittenradikal spricht:

„Huh, jetzt hab ich aber Angst vor Euch,
ihr beide legt euch lieber mehr ins Zeug
und glaubt mein Vorteil wär' zu bannen?
Passt auf, ich werd' Euch beide schon entmannen!
Wenn ich mich spreize in der Mitte,
dann habt Ihr nichts mehr vom Auftritte,
weil ohne meine klare Trennung,
gibt's für Euch keine Nennung
und alles frei sich mischen tut,
nach mir, da kommt die Flut!
Nun zollt mir lieber den Respekt,
ich wünsche ihn mir perfekt
vor mir als Mittenradikal,
Ihr hattet nie die Wahl!

Ich bin die Mitte von der Mitte -
Bitte!
Von allen Radikalen, bin ich die Dritte,
drum ist es schlechte Sitte,
was Ihr von Euch absondert,
Ich mir verbitte!

Nun nehmt es an, dies Uhrgefecht,
Ihr habt's verlor'n wohl zu Recht!
Nur weil ich existent geworden,
gibt's für Euch noch ein Morgen!"

Undank

Undank ist der Welten Lohn,
dass ist nur die Hauptoption,
für das alte Menschenspiel,
weil es immer führt zum Ziel.
Diese Weisheit ist verkannt,
daher wird sie nie benannt,
denn wer hilft ist nicht Wohltäter,
vorher oder später.

Nein, nur wer aus sich heraus,
ohne Dank und Blumenstrauß,
einem Mensch in echter Not
schenkt sein letztes Brot,
nur der kann, wenn es so war,
hoffen wie ein großer Narr,
das im Himmel eine Pforte,
schenkt ihm eine Torte.

Rumgammeln

Mitten auf der Straße,
gibt's von Dummen Spaße,
die wie blöd rumstehen
nicht nach Hause gehen.
Wenn sie so rumgammeln,
sich wie Dreck versammeln,
stör'n das Straßenbild,
dass ihr Inhalt killt.
Denn nicht ihr zuhause,
nein, die Straßenpause,
ist ihr Ur-Empfinden,
wir hoffen, sie verschwinden!

Störung

Ein Mensch, der fühlte sich gestört,
drum hat er aufgehört,
mit allem was in stören kann,
er war ein kluger Mann.
Doch leider fand ihn eine Störung,
er suchte die Beschwörung,
so hat er diese weg gemacht
das hat ihn umgebracht.
So lebt die Störung weiter fort
und bleibt an diesem Ort,
weil niemand sie mehr stoppen tut,
denn Freiheit braucht viel Mut.

Ein Führer

Ein Mensch, der sich als Führer pries,
der war vom menschlichem rein fies,
sein Volk, das musste durch ihn Leiden,
weil er sein Amt war am Bekleiden.

Als großer Lenker der Nation,
war er den Menschen stets am Droh'n,
mit Steuerlasten und Schikanen
und Lügen ganz infamen.

Als seine Amtszeit ging vorbei,
da dachten alle, sie wär'n frei,
doch weil er hatte einen Sohn,
so sitzt nun dieser auf dem Thron.

Denn die Tyrannen sind bekannt,
sie leben so in manchem Land,
trotz vieler freiheitlicher Werte,
bis heute niemand sie abwehrte.

Soldat

Ein Mensch, der war Soldat,
drum war sein Leben hart,
er musste doch nur dienen,
dem Volk und den Maschinen.

Doch als der Krieg brach los
und es kam zum Vorstoß,
hat er nicht mitgemacht
in dieser großen Schlacht.

Er ist zu Haus geblieben,
bei sich und seinen Lieben
und sah es gar nicht ein,
er fand jetzt Krieg gemein.

Und weil's niemand gemerkt,
da fühlt' er sich bestärkt,
weil alle Kameraden,
die kamen ganz zu Schaden.

Drum merke, wer nur dient
und Waffen rein bedient,
der bleibt nur eine Nummer
und hat am Ende Kummer.

Spiegelbild

Schau mal in dein Spiegelbild,
betrachte es so wie ein Schild
und lese gut, was auf ihm steht,
was einfach nicht vergeht.

Dann kannst du richtig dich erfahren
und so, das meiste Leid ersparen,
was tief in dir verborgen liegt,
an Wahrheit schwer was wiegt.

Charakterschwächen und Verbrechen,
dir so ins Auge stechen,
die deinem Abbild sind entstiegen,
jetzt kannst du sie besiegen.

Nur wer genau den Blick gerichtet
und selbst sich nicht vernichtet,
dem bleibt die Hoffnung sich zu finden,
sich ganz zu überwinden.

Eigene Meinung

Ein Mensch, der eine Meinung hatte,
begann zu führen 'ne Debatte,
die sachlich niemals seien kann,
weil seine Meinung nie gewann.

Doch das, das störte ihn nicht sehr,
er stritt mit allen noch viel mehr,
um mit Gewalt sein falsches Denken,
die anderen zu beschränken.

Sein schlechter Geist war schuld daran,
dass er mit diesem Mist begann,
und die Moral von der Geschicht',
ein Mensch spielt gerne mal Gericht!

Beten

Beten ist der beste Trost,
wenn die Zukunft mir dir lost,
ist die Hoffnung auch verhalten,
Antwort wirst du bald erhalten.

Ein Mensch unter Menschen

Ein Mensch lebt unter seinesgleichen,
doch manchmal ihm die Menschen reichen,
die er so mag und auch so liebt,
für sich als Auswahl siebt.

Doch im Kontakt mit seiner Gattung,
da gibt's Gefühle der Erstattung,
die oftmals nicht von Wonne sind,
das weiß er schon, seit er ward' Kind.

Drum Rückzug übt, wer bleibt vergnügt
und schlechte Menschen nicht zufügt,
zu seinem Freunden und Kontakten,
die anderen legte er zu den Akten.

Forderungen

Alle stellen Forderungen,
die aus Faulheit sind entsprungen,
weil sie selber nichts verwalten,
ihre Freizeit gern' behalten.

Ein Pechvogel

Ein Mensch, der war vom Pech verfolgt
und das ganz ungewollt,
weil nichts wollt' ihm so recht gelingen,
er wollt' sein Glück erzwingen.

Anstatt sein Pech als Weg zu sehen
und aufrecht drauf zu gehen,
nein, immer diese Mitleidstour
und immer blieb er stur.

Drum kaufte er sich viele Lose
und bettete ihn großer Pose,
Fortuna an mit tiefer Gnade,
das fand das Schicksal schade.

Dreck

Dreck, den kannst du nicht verstecken,
er bleibt hängen in den Ecken,
in den Kanten und den Leisten,
findest du ihn drum am Meisten.

Ein religiöser Mensch

Ein Mensch von Gottes Licht erstrahlt,
welcher zu oft nur damit prahlt,
er wär' von Gott der Auserwählte,
jedoch bis heute dieser fehlte,
der betet stündlich immer zu,
denn Gott, der lädt ja sein Akku.

Der Mensch glaubt an das große Ganze,
die anderen wär'n nur eine Wanze,
denn er wär' einzig auf der Erde,
von Gott gesandt sein wahrer Erbe.

Der wird vom Teufel aufgesucht
und ihm erzählt er wär' gebucht,
drum macht er sich auf eine Reise
und freut sich über viele Preise.

Glauben

Glauben versetzt viele Berge,
das was ich glaub', ich auch werde,
doch wo die Dummheit regiert,
da wird der Glauben fingiert.

Ein Esoteriker

Ein Mensch war mit den Sinnen,
so manches mal am Spinnen,
drum war er sehr gelehrig
auf alle Esoterik.
Er sah ja auch die Elfen,
mit ihren alten Welfen
und auch manch' tote Geister,
sie war'n für ihn Dienstleister.

Als plötzlich er erkrankte,
er seinen Feen dankte,
dass sie mit ihrem Geiste
verjagen das Verschleiste
von seinem Körperbau,
sein Kopf, er wurd' schon blau.

Doch leider starb er schnell,
sein Grab war farblich hell,
beschrieb sein Lebensstil,
als durchgedreht zu viel,
mit Dank an seine Elfen,
sie würden jedem helfen,
doch leider war dem nicht,
so endet das Gedicht.

Himmelskünste

Im Himmel kennt man alle Werke
vom Künstler seine Stärke,
weil alle Kunst ist dort bekannt,
die je ein Mensch erfand.

Denn wenn die Kunst als Werk entsteht,
sie niemals mehr vergeht,
so ist der Himmel hoch erfreut,
er nimmt sie wahr erneut.

So jedes Werk zum Künstler geht,
weil es bereits besteht
und Himmelskünste sind grandios,
man wird sie nie mehr los.

Wir Menschen müssen nur verstehen,
die Kunst nicht zu verdrehen,
weil wenn der Himmel zu uns spricht,
erst dann sieht man sein Licht.

Fremde Wesen

Die Menschheit sucht im großen All
verbissen nach dem Anfangsknall
und fremden neuen Lebensformen,
mit unbekannten Wissensnormen.

Doch fremde Wesen sind bekannt,
in jedem Staat und jedem Land,
geht man in Einkaufszentren, Läden,
wo sie mit Kauderwelsch nur reden.

Warum sucht man dann noch im All?
Die Fremden gibt es überall.
Die Wissenschaft muss nur erkennen,
man kann den Mensch als solches nennen.

Schweigen

Schweigen, das dachte ein Weiser,
das macht auf Dauer nicht heiser.
Reden hingegen braucht Kraft,
bis es manch' Inhalt erschafft.

Menschliches Leid

Ein Mensch beklagt sein Leid,
jetzt wissen wir's soweit,
doch er ist nicht bereit
zu ändern was gescheit.

So klagt er immer noch
und fällt ins tiefe Loch,
doch damit nicht genug,
er wird so nicht mehr klug.

Und mir wird's nun zu viel,
ich kenne nun sein Ziel,
nur dieser arme Wicht
erkennt sich selber nicht.

Ich kann ihm eins nur raten,
er soll nicht länger warten!

Niemand

Ein Mensch war einfach Niemand
und war auch nicht bekannt,
er wohnte irgendwo
in unser'm großen Land.

Er blieb für immer unsichtbar,
so wie er immer war,
drum hat ihn keiner je erkannt,
er wurde nie genannt.

Warum ich Ihn erwähne?
Das Leben hat noch Pläne
mit diesem Unbekannten,
drum bleibt er wohl vorhanden.

Krumme Dinger

Dein Leben sticht dir in die Finger,
dreh' bitte keine krummen Dinger,
sonst wird die Blutung nicht zu stillen,
kein Pflaster wird dir sein zu willen.

Ein Streit

Ein Mensch, der hatte einen Streit,
so gut, so schön, so weit,
jedoch der Streit, den war er leid,
weil der verlangte Zeit.

So hat er diesen dann vertragt
und dieses klar gesagt,
jedoch der andere Kontrahent,
der liebte den Moment.

Und wollte ihn so nicht beenden,
oder auf später senden,
weil nur die Diskussionsgewalt,
der Klärung gab Gestalt.

So waren beide unversöhnlich
und das auch noch persönlich,
weil beide ihre Meinung hatten
und führten drum Debatten.

Der Mensch verließ nun diesen Ort
und war dann endlich fort,
weil seine Zeit war nun bestimmt,
der andere war verstimmt.

Doch als er später wieder kam,
den Streit wieder aufnahm,
da war der andere nicht bereit,
er war's nun selber leid.

So ist bis heute dieser Streit
noch offen und soweit,
weil beide nicht terminlich können,
den anderen Böses gönnen.

Lieblos

Lieblos ohne eine Regung,
ohne eine Kussbewegung,
fehlt die Seele, die Entspannung,
lebt man in Verbannung.

Nur wer sich sein Herz befreit,
sich ins Liebesglück einreiht,
dem scheint alles ganz vollkommen,
nichts wird ihm genommen.

Niemals sollst du das vergessen,
nicht nur zu den Hauptanlässen,
dass du liebevoll dich zeigst,
seelisch so aufsteigst.

Gift

Ein Mensch, der nicht mehr leben sollte,
weil seine Alte dies so wollte,
der kriegte jeden Tag sein Gift,
damit der Tod ihn trifft.

So wurde er nun langsam schwächer,
die Alte hielt ihm schon den Becher,
mit noch mehr schlechten Giftanteilen,
er sollte sich nun bald beeilen.

Doch als sie plötzlich selber starb,
da war sie selber nun im Grab
und er war wieder schon bei Kräften,
ging selber zu Geschäften.

Er fand nun eine neue Alte,
in die er sich verknallte
und ihm das Essen besser kochte
und mehr als Geld ihn mochte.

Tiefstapler

Ein Mensch war sehr bescheiden,
man möcht' es ihm drum neiden,
so sehr war seine Lebensart
vielleicht ein bisschen fad.

Er sprach nur über Dinge,
wenn es ihm wohl gelinge,
sich selbst als nicht so wichtig
zu werten als gewichtig.

So war er uns bekannt,
bis man ihn dann mal fand,
mit einer riesen Mine,
wie es sich's nicht gezieme,
und prahlte über Stunden,
er hätte Geld gefunden.

Seitdem ist er nun stadtbekannt,
als Schwätzer neu ernannt,
weil es ihm keiner glauben tut,
er ist nun auf der Hut.

Ein Richter

Ein Mensch, der war ein Richter,
vom Geist war er ein Schlichter,
denn bei den Paragrafen,
da war gern am Schlafen.

Und ständig im Gerichte,
sprach er frei Bösewichte
und nur den kleinen Fischen
kam er gerecht dazwischen.

So freute sich das Pack,
wenn sie sah'n seinen Frack,
denn alle ihre Sünden,
die wollt' er nicht ergründen.

So ging das viele Jahre,
bis er lag er auf der Bahre
und auf dem Friedhofsstein
stand, er konnt' kein Latein.

Vertagung

Ein Mensch ging in Vertagung
in Hoffnung auf Entsagung,
dass ihm vor dem Gericht,
das Urteil nicht entspricht.

Er hoffte frei zu bleiben,
Einsperrung zu vermeiden,
denn er war ja ein Hehler,
er kannte seinen Fehler.

Doch weil der Staatsanwalt,
mit Nachdruck und Gehalt,
dem Richter Fakten brachte,
das Urteil in bedachte.

Seitdem lebt er im Knast
und wird nun angepasst
und ist nun sehr bescheiden,
man kann dies so beeiden.

Ein Polizist

Ein Mensch, der war gern Polizist,
erzählt gerne anderen Mist,
und liebend gern' Verbrecher fing,
das war sein Lebensding.

Doch einmal traf er ein'n Bandit,
der immer jede Wahrheit sieht,
der hasste seinen Lügenbrei
und sagte ihm, dies wär' vorbei.

Der Polizist nahm ihn dann fest
und gab mit Lügen ihm den Rest,
jetzt sitzt der Gangster hinter Gitter',
weil Wahrheit schmeckt oft bitter.

Vaterstolz

Ein Vater hat in seinem Leben
verschiedene Familienebenen
wobei die Tochter und der Sohn,
vom Werte meistens höher woh'n.

Sein ganzer Stolz sind nur die Kinder,
sie wachsen, werden Arzt, Erfinder,
so hofft der Vater unentwegt,
bis er sich in sein Grabe legt.

Ein erwachter Mensch

Ein Mensch, der wachte plötzlich auf
und sah den wahren Lebenslauf,
der Dinge, die um ihn herum
und fühlte sich nun einfach dumm.

Weil nun sein Weltbild ward entrückt,
fand jeder ihn total verrückt
und niemand hörte ihm mehr zu,
dies lies ihm aber keine Ruh'.

Mit diesem Makel nun behaftet,
da wurde er im Nuh verhaftet,
weil er den Frieden wohl zerstörte,
mit Wahrheit, die zu sehr empörte.

Der Mensch von nun an wurd' geheilt,
sein Kopf dafür in zwei geteilt,
jetzt weiß er nichts mehr und ist froh,
sitzt auf dem Bahnhofsklo.

Ein Versuch

Ein Mensch, der startet ein' Versuch,
denn in ihm ist ein Klageruf,
für ihn ist es 'ne große Hürde,
doch es geht ihm um seine Würde.

Wenn er es nicht probieren tät',
so wer's vielleicht wohl ganz zu spät,
für den Versuch ist nicht viel Zeit,
drum ist er nun bereit.

Doch seine Chancen sind gering,
das ist sein wahres Schicksalsding
und weil er scheitert bis zum Ende,
erfindet er sich drum Vorwände.

Versuche sind nur dann zu starten,
wenn man nicht möchte warten,
weil andernfalls da wird's verfahren,
dann kann man sich's auch sparen.

Ein Schicksalsschlag

Ein Mensch hat einen Schicksalsschlag,
ein' Trauertag, den er nicht mag,
ein dunkler Fleck in seinem Leben,
sein Herz, das ist am Beben.

Denn immer wenn sich dieses jährt,
der Schmerz in seines Geistes fährt
und die Präsenz, das was geschah,
das wird ihm wieder klar.

Nur langsam und nach vielen Jahr'n,
da kann das Schicksal endlich spar'n
und die Erinnerung verblassen,
von dem Moment ablassen.

Der Mensch kann sich so überwinden,
so langsam wieder zu sich finden,
denn was gewesen ist gewesen,
ihm bleiben trotzdem Spesen.

Ein Baum

Ein Baum, der stand auf weiter Flur,
dort stand allein vor Glück und Ruh',
vor seinesgleichen unter Bäumen,
so konnt' er schön alleine Träumen.

Bis plötzlich und man glaubt es kaum,
ein neuer Baum im Morgengrauen
und weitere aus der Erde ragten
und sich in seine Nähe wagten.

Seitdem hat es sich ausgeträumt,
sein freier Platz war nun geräumt
verbittert war er fortan nun,
wie konnte man ihm dies antun?

Drum merke, wer für sich allein,
der halte diese Glück geheim,
denn wenn ein and'rer es aufspürt
es meistens zur Besiedlung führt.

Gartenarbeit

Grüne Pflanzen, Bäume schneiden,
ja, das kann man nicht vermeiden,
denn der Wildwuchs ist enorm,
wächst aus seiner Form.

Jeder Gärtner ist am Mähen,
will er guten Rasen sehen
und das öfters als man glaubt,
ihm die Zeit viel raubt.

Auch entwurzeln oder pflanzen,
ist nicht leichter, denn im Ganzen,
ist die Gartenarbeit hart,
wenn man frische Erde spart.

Drum muss jeder öfters gießen,
dass das Grüne kann schön sprießen,
denn am Ende schaut man drauf
nimmt die Arbeit gern' in Kauf.

Rente

Ein Mensch, der ging in Rente,
am Anfang er gern' pennte,
doch danach war er's leid,
ihm fehlte Heiterkeit.

Drum füllte er die Lücken
mit Hausarbeit und Bücken
und noch zum Zeit totschlagen,
ein Hobby und ein Wagen.

Doch da er nie gelernt,
vom Job sich je entfernt,
da wurd' er unzufrieden
und zählte was geblieben,

Als Rentner gib drum acht,
lern' was dir Freude macht,
bevor du gehst in Rente,
sonst hast du so Momente.

Ein Natur-Mensch

Ein Mensch, der war für die Natur,
im grünen Wald und auf der Flur,
er lauschte viel den Vögelein,
am Liebsten dabei ganz allein.

Doch seine Liebe ging zu weit,
er hielt sich Menschen ganz vom Leib
und siedelte sich an im Wald,
da war es ihm sehr kalt.

Doch als ein Bär sein Heim dort fand
und aß von seiner rechten Hand,
da schrie und lief er in die Stadt,
Natur hat er jetzt richtig satt.

Ein durchnässter Mensch

Ein Mensch durchnässt bis auf die Haut,
hat sich beim Regen sehr versaut,
weil plötzlich ein Gewitter kam,
ihm seine Freude richtig nahm.

Drum er durchnässt nach Hause lief,
und einen Fluch er dabei rief,
war er nun völlig vollgesaut
und schrie daheim sehr laut.

Verflucht hat er das Wetter dann,
dass Schuld wär' an dem Regen, Schlamm,
es hielt sich nicht an die Prognose,
drum wurde nass die ganze Hose.

Jedoch vergaß er dabei schon,
ein Regenschirm wird' sich auch lohn',
denn wenn man öfters draußen ist,
Prognosen richtig mal vergisst.

Ein riesiger Mensch

Ein Mensch, war riesig wie ein Bär
und hatte langen Schriftverkehr,
denn alle Welt, die wollt' ihn seh'n,
wie groß im Raum, er konnte steh'n.

So war er nun zur Schau gestellt
und hat verdient damit sein Geld,
als Kuriosum und als Ding,
er nun die Menschen so empfing.

Doch als ein noch viel größ'rer Mann,
mit dieser Arbeit fing dann an,
so war er leider viel zu klein,
so endet nun mal dieser Reim.

So merke, ganz egal wie groß,
es gibt noch mehr die kurios,
als riesig und gigantisch gelten,
und sich in diese Welt gesellten.

Magersucht

Ein Mensch, der dünn ist wie ein Strich,
gern' öfters um die Waage schlich
und wenig aß von allen Dingen,
die ein Gewicht der Waage bringen,
der hatte großen Appetit,
jedoch beim Essen er dann litt.

Der Mensch, der sich so richtig quälte
und 'ne Banane furchtsam schälte,
der aß sie auf und hatte Graus,
weil er sich fragte: Wann kommt's raus?
Jedoch der Stuhlgang dauert lange,
drum wurd' er danach richtig bange
und nahm dafür ein Abführmittel,
so sparte er Gewicht ein Drittel.

Drum merke dir den alten Trick,
wer sich zu dick fühlt, hat Gewicht,
ob nur im Kopf oder real,
ein Abführmittel steht zur Wahl.

Ein Proktologe

Ein Mensch, war Proktologe
und nahm so manche Droge,
denn bei der Darmbetrachtung
empfand er nur Verachtung.

Drum war er meistens high,
sein Hirn wurd' schon zu Brei,
weil immer nur von Hinten,
die Popos für ihn spinnten.

So wurd' er eingewiesen,
psychiatrisch, wie erwiesen
und gründlich untersucht,
dann hat er oft geflucht.

Drum rauchte er sich Gras,
Arschlöcher so vergaß,
weil diese ihn belasten,
wenn er sie muss abtasten.

Bier-Vampir

Ein Mensch, der war Vampir
und trank auch gerne Bier,
denn immer nur das Blut,
tat ihm allein nicht gut.

Er ging drum in die Kneipe,
dort saß er an der Seite
und trank so manches Bier
in seinem Jagdrevier.

Doch später dann am Abend,
war er Promille tragend
und bei den Beutezügen,
da war er am Ermüden.

Er wollte Blut noch saufen,
doch hat er sich verlaufen
und fand zum Glück 'ne Scheune,
da hatte er dann Träume.

Am Morgen wurd' es hell,
es war für ihn zu grell,
doch konnt' er Licht ertragen,
das kam vom Bier im Magen.

Pflegerin

Eine Frau war Pflegerin,
an der Arbeit sie sehr hing.
weil sie Kranke konnte pflegen,
richtig auf die Seite legen.

Und auch waschen, sauber machen,
alle Kranken und auch Schwachen,
ja, das war ihr Lebenssinn,
helfen dabei mit Gewinn.

Doch ihr Tick und Hilfssyndrom,
brachte kein' gerechten Lohn,
denn sie wurde ausgebeutet,
weil die Kundschaft gerne läutet.

Trotzdem pflegt sie heut' noch weiter,
reinigt Wunde von dem Eiter
und misst Blutdruck ihrer Kranken,
niemand tut ihr dieses danken.

Ein schlafloser Mensch

Ein Mensch, der nicht mehr schlafen kann,
steht auf und an den Kühlschrank ran,
dann frisst er erst mal eine Wurst
und hat dabei auch richtig Durst.

Dann ließt er Zeitung und guckt Fern',
die Müdigkeit hat ihn nicht gern',
doch nichts bringt ihm den Schlaf zurück,
nicht mal ein super kleines Stück.

Nachdem die Augenlider zieh'n,
muss er wieder ins sein Bett rein Flieh'n
und hofft er könnt' noch weiterschlafen,
Schlaflosigkeit ihn nicht mehr Strafen.

Doch auch ein weiteres Schlafmittel,
schafft hier keine Ende im Kapitel,
weil dieser Schlaf ist gar nicht echt,
die Nacht bleibt einfach ungerecht.

Nun naht der Morgen und sein Wecker,
er hört im Kopf schon das Gemecker,
die Arbeitslast sieht er vor sich,
weil jede Nacht er so verglich.

Welt am Morgen

Ein Mensch steht früh am Morgen auf,
da nimmt das Unheil seinen Lauf,
verschlafen und auch ohne Lust,
wäscht er sich sein Gesicht und Brust.

Das Anziehen ist für ihn brutal,
er muss zur Arbeit, keine Wahl,
die Strümpfe rutschen ständig weg,
sucht seine Hose im Versteck.

Sein Frühstück schlingt er in sich rein,
die Welt am Morgen ist gemein,
denn nur durch Kaffee und den stark,
den Morgen überhaupt noch mag.

Als er die ganze Prozedur,
geschafft hat, steht er nun im Flur,
da fällt ihm ein, er hat doch frei,
sein Ballast fällt jetzt ab wie Blei.

Nun unbekümmert und entspannt,
hat er den Stress zum Glück verbannt
und schläft nun eine Runde mehr,
sein Morgen hat nun doch noch Flair.

Denn Morgenstund' hat Gold im Mund,
wenn man hat frei und bleibt gesund,
so kann man ganz entspannt beginnen,
der Arbeitswelt auch mal entrinnen.

Die Weisheit der Vernunft

Ein Mensch, der hat Vernunft,
zumindest in Zukunft,
oder bis heute Abend
ist er noch mal versagend.

Jedoch was bleibt ist Kunst,
die Wahrheit, die Vernunft,
bis sie vom Mensch gefunden,
vergeh'n Millionen Stunden.

Nicht jeder hat das Glück
und blickt auf sich zurück,
wie sinnlos er verfahren,
er konnt' sich vieles sparen.

So findet er sie selten,
das muss für alle gelten,
die Weisheit der Vernunft,
das Heil der Götterzunft.

Termindruck

Ein Mensch, der hatte nur Termine
und hatte schon Routine,
so war gefüllt sein Tageslauf,
er nahm das so in Kauf.

Drum jedes Mittagessen,
das hat er schnell gegessen
und war er auf Toilette,
war dies die Arbeitsstätte.

Doch weil ihn jeder kannte,
als Arbeitstier benannte,
da musste er mehr schuften,
weil andere gern' verduften.

Doch als er eine Frau dann traf,
sie liebte sehr den Schlaf,
da kündigte er seinen Job,
und machte damit stopp.

Seitdem schläft er mit mir nun lang
und lauscht dem Vogelklang,
denn seine Frau ist richtig reich,
jetzt ist ihm Arbeit gleich.

Erholung

Ein Mensch schont seine Nerven gern',
doch leider sieht er zu viel Fern',
hört Radio und ließt Zeitung viel,
ist seelisch hierdurch nicht stabil.

Denn Schonung braucht den Ruhepol,
drum trinkt er danach Alkohol
und fettes Essen macht ihn satt,
jetzt ist er einfach richtig platt.

Nur Ruhe und nur wenig Licht,
das kennt der arme Mensch noch nicht,
so leidet er durch die Erholung,
durch seine eig'ne Wiederholung.

Ein eiliger Mensch

Ein Mensch, der stets in Eile war,
dem war sein Leben gar nicht klar,
er handelte ohne zu denken
und war sich am Verrenken.

Nun lebte er, die meiste Zeit,
wie oben steht bereits gescheit,
doch eines Tages es passierte,
das er sein'n Arm verlierte.

Da war sein schnelles Timing hin,
das war für ihn besonders schlimm,
mit einem Arm da ging es nicht,
mit Hektik war nun darum Schicht.

Und so ging alles langsam dann
und fing noch mal von vorne an,
weil Langsamkeit mehr Zeit bedarf,
verbraucht's auch nicht viel Schlaf.

Ein einsamer Mensch

Ein Mensch, der einsam auf der Welt,
zumindest sich nur dafür hält,
zieht sich zurück in die vier Wände
und ließt nun dicke Bücherbände.

Er glaubt, das niemand ihn verstünde
und sucht und findet dafür Gründe,
dass er allein mit seiner Not,
jetzt hat ein Sprachverbot.

Und wenn es kloppt an seiner Tür,
spielt er, als wär' er gar nicht hier,
damit nicht seine Einsamkeit,
mal trifft die schöne Zweisamkeit.

Bis plötzlich und man glaubt es nicht,
drum steht es hier in dem Gedicht,
ein Brief von seiner Mutter kam,
da wurd' sein Herz ganz warm.

Er fährt zu ihr und ist nun draußen
und ist nun wieder auch im Außen,
kauft nun schon wieder gerne ein,
denn Einsamkeit gibt's nur Daheim.

Ein stiller Mensch

Ein Mensch, war still, ganz generell
und nicht dabei sehr originell,
er redet fast nie am Tag,
war einfach nur wortkarg.

Bis er, weil es war ihm sehr dienlich,
mit seinem Chef sprach dabei ziemlich
und das auch hart in ganzen Sätzen,
mit seinen Sprachkomplexen.

Der Chef wurd' nun von ihm erpresst,
hat Geld beim diesem raus gepresst,
drum schwieg er dafür weiterhin,
das brachte ihm sehr viel Gewinn.

Weil Gold ist Schweigen manchmal Wert
und ist darum auch so begehrt,
wenn man sein Wissen nicht verbreitet,
weil Schweigegeld dazu verleitet.

Ein elternloser Mensch

Ein Mensch fragt sich ein Leben lang
und setzt sich dabei unter Zwang,
wer hat sein Leben ihm geschenkt
und hat als Eltern ihn gelenkt.

Doch alle Spuren sind vakant,
drum ist sein Leben sehr prägnant,
so elternlos als Waisenkind,
scheint er für nichts bestimmt.

Denn nur mit Eltern wächst das Sein,
sonst bleibt die Seele uns geheim,
weil ohne sie, da geht es nicht,
dem Lebenssinn so widerspricht.

Scheißegal

Scheißegal – beherrschst das Denken,
nie für andere sich verrenken,
nur man selber ist sich wichtig,
alle anderen, die sind nichtig.

Ein einfacher Mensch

Ein Mensch genügsam und zufrieden,
kann selbst das Unheil nicht besiegen,
weil seine einfache Natur,
schafft selbst die härtste Tortur.

Weil dieser Mensch ist so vollkommen
hat man ihm auch ganz viel genommen,
trotzdem lebt er im Mittelpunkt
auf einem harten Untergrund.

Nur wer nach mehr im Leben trachtet,
die Art von diesem Mensch verachtet,
weil er nicht sieht, was in ihm blüht,
für diesen Mensch kein Finger rührt.

So sind oft diese reinen Seelen,
ein schlechtes Leben selbst am Wählen
und halten aus an allen Tagen,
wir sollten dies auch mal beklagen.

Ein wissender Mensch

Ein Mensch erfreut sich an viel Wissen
und ist dabei nicht mal verbissen,
zeigt offen welcher Inhalt prägt,
der seinen Geist nun trägt.

Mit großen Gesten und Elan,
da predigt er sein' Wissensplan,
für alle Welt um ihn herum,
drum hält sich jeder nun für dumm.

Der Neid beschleicht nun alle Welt,
weil er sein Können gern' rausstellt
und ärgert sich um ihm als Ganzen,
drum muss er sich verschanzen.

Und weil der Neid die Sünde ist
da kennen Menschen eine List,
wer besser ist als alles Gute,
muss halten seine Schnute.

Ein Trick

Ein Mensch, der kannte einen Trick,
er wurde dabei niemals dick,
drum aß er selten irgendwas,
er war so furchtbar blass.

So fiel er um und wurde schwach,
er lag nun darum richtig flach
und opferte noch manches Gramm,
sein Körper wurde klamm.

Bis er gezwungen war zu essen,
so viel und auch besessen,
dass er bald rund war wie 'ne Kugel,
steht jetzt als Dick bei Google.

Ein genialer Mensch

Ein Mensch, der super ist genial,
der stand nun vor der großen Wahl,
mit guten Stellenangeboten
um nur das Beste auszuloten.

Drum hat er alles sich bedacht,
mit seinem Geist sehr lang verbracht,
um ganz gewiss die beste Stelle,
zu wählen nur für alle Fälle.

Und hat nun seinen Favorit
gewählt und tat der ersten Schritt,
um den Vertrag zu unterschreiben,
denn er wollt' dort für immer bleiben.

Nachdem er dort drei Tage war,
das Unglück leider dann geschah,
die Firma plötzlich pleite ging
und in der Luft er damit hing.

So merke, wenn der Zufall kommt,
das Beste dieser auch weg bombt,
egal wie du genial auch bist,
drum sei auch Optimist.

Ein Schlaumeier

Ein Mensch war ein Schlaumeier,
denn er war ja ein Bayer,
er ja war stadtbekannt,
so hat man ihn genannt.

Denn ganz egal wie dumm
die Sache war herum,
war er sich am Einmischen
und kam ganz schnell dazwischen.

Er wusste ja das Meiste,
weil er so viel bereiste,
die ganze große Welt,
mit Taschen voller Geld.

Doch wollt' er nicht einsehen,
dass nicht alle Ideen,
von ihm war'n so zu leisten,
die geistig ihm entgleisten.

Bis eines Tages dann,
ein richtig weiser Mann,
es wagte ihn zu stoppen,
ideenreich zu toppen.

Das passt ihm nicht sehr,
doch war sein Wissen leer,
so ging er nun auf Reisen,
sich anders zu beweisen.

Ein Bäcker

Ein Mensch, der war ein Bäcker
und backte gerne lecker,
drum war er sehr beliebt
und er in Brot verliebt.

So hörte er den Teich,
beim Kneten wenn er weich,
ihm Glück im Geist versprach,
sein Schweigen für ihn brach.

Und auch die kleinen Brötchen,
die hatten für ihn Pfötchen
und wurden so lebendig,
sie lebten eigenständig.

Bis er zu alt für's Backen,
mit Schmerzen in dem Nacken
so lebt sein Geist in Frieden,
weil Brötchen um ihn fliegen.

Ein Bauarbeiter

Ein Mensch war Bauarbeiter,
stieg täglich auf die Leiter,
und trug die Steine, Bretter
mit Kraft bei Wind und Wetter.

Doch als er von der Leiter fiel,
da war er nicht sehr mehr mobil,
seitdem, da war sein Unterleib,
gelähmt, das war sein Leid.

Er konnte daher nicht mehr schuften,
am Abend sehr streng duften
doch eine Flasche Bier am Mund,
hielt die Erinnerung rund.

So endete sein harter Job,
sein Körper war nun Schrott
und seine Stärke, Körperkraft,
die war nun abgeschafft.

Die Arbeit auf dem Bau,
die ist drum viel zu rau,
nur wer es schafft zur Rente,
der hatte Glückstalente.

Ein Astrologe

Ein Mensch, der war ein Astrologe,
doch führte er gern' Monologe
und alle die ihn jemals buchten,
nicht noch einmal besuchten.

Nur schade, was dort in den Sternen,
in unbekannten weiten Fernen,
stand, konnte er perfekt auslesen,
sowie es wirklich war gewesen.

So bleib er leider unbekannt,
das liegt doch einfach auf der Hand,
trotz seinem Handwerk und auch Können,
wollt er's sich selber doch nicht Gönnen.

Gottes Worte

Wenn die Worte uns entsprungen,
ist es Gott bereits gelungen,
uns die Wahrheit so zu sagen,
ohne lang' mit zu tagen.

Fußballfan

Ein Mensch, der war ein Fußballfan,
so sagt man wohl im Fußball-Slang,
von seiner Mannschaft wunderbar,
ihr Stürmer galt als Superstar.

So ging er jedes Wochenende,
in der Saison auf's Spielgelände
und feierte so manchen Sieg,
jedoch sein Team dann doch Abstieg.

Er weinte drum so manche Träne
und kriegte daraufhin Migräne
und hoffte auf ein großes Wunder,
doch lief es einfach nicht mehr runder.

So war er nur noch deprimiert
und hat mit Fußball ganz pausiert,
seitdem ist er ein Tennisfan,
und schaut nur noch Grand Slam.

Ein Vertreter

Ein Mensch war ein Vertreter,
doch meistens kam er später,
zu all seinen Terminen,
um etwas zu verdienen.

So wurd' er im Geschäftsbereich,
mit seiner Arbeit gar nicht reich.
da selten er zum Abschluss kam,
war einfach dafür viel zu lahm.

So war sein Schicksal schon besiegelt,
die Eingangstür bereits verriegelt
und auch der letzte große Deal,
kam so nicht mehr ans Ziel.

Jetzt fängt er nun von vorne an,
verkauft nun online ohne Zwang
und braucht nicht Termine halten,
muss Kisten nur noch falten.

Ein Verkäufer

Ein Mensch, der war Verkäufer,
privat war er ein Säufer,
weil Kunden ihn nur störten,
ihn täglich nur verhörten.

Er trank daher zu viel
und blieb nicht mehr stabil
und brach zusammen arg
und vor der Kundschaft lag.

Er schulte einfach um,
zum Pfleger, war nicht dumm,
jetzt wäscht er alte Leute,
sie fragen nichts bis heute.

Quatschparade

Menschen die mit Kommentaren
leider nicht sehr sparen,
geben ihren Senf zu Themen,
die dich geistig lähmen,
weil ihr guter Intellekt,
der ist ganz versteckt,
deine Zeit ist viel zu schade
für die Quatschparade.

Ein Taucher

Ein Mensch, der war ein Taucher,
doch leider war er Raucher,
er ging oft Unterwasser
und kam heraus dann Krasser.

Der wollte dies nicht hör'n,
das Rauchen würde stör'n,
und paffte immer weiter,
es kam dann manchmal Eiter.

Beim letzten Tauchen schad',
da war' sein Atem fad',
sein Herz konnt' nicht mehr pumpen,
sein Blut war am Verklumpen.

So wurd' er raus gezogen
und Tod nach Haus' geflogen,
auf seinem Grabstein stand,
das Rauchen nicht entspannt.

Ein risikoreicher Mensch

Ein Mensch, der lebte sehr brisant,
das hat ein jeder schon erkannt,
sehr hart am Limit war er dran
und fast schon von der Klippe sprang.

Das Risiko lies ihn nicht los
und war auch mal was dubios,
er ging der Sache auf den Grund
und lebte so, sehr ungesund.

Die Quittung hat er nun kassiert,
ein Bein wurd' ihm nun amputiert,
doch leider lebt er weiter so,
und frönt dem Risikoniveau.

Nicht jeder lernt aus seinem Handeln
und kann sein Schicksal so abwandeln,
das sich die Zukunft neu ausrichtet,
auf Blödsinn er mal ganz verzichtet.

Ein Alkoholiker

Ein Mensch, der war ein Trinker
und dabei noch ein Flinker,
denn jedes neue Glas,
trank er mit Gier und Spaß.

Denn tief in seinem Herzen,
das saßen seine Schmerzen,
denn dieser große Kummer
im Rausch, der war ein stummer.

So trank er sich zu Tode,
die Leber war marode
und alle die ihn kannten,
als freundlich ihn benannten.

Drum auf sei'm Grabstein steht,
das noch ein Gläschen geht.

Ein leidenschaftlicher Raucher

Ein Mensch der raucht aus Leidenschaft,
am Tag aus Schachteln und bei Nacht,
die Menge seiner Raucherstengel,
aus allen Aschenbechern drängeln.

Der Mensch liebt so sein Element
und lebt mit Nikotin patent,
als eines Tages - oh wie je,
ihn seine Bronchien tuen weh.

So geht er zum 'nen Pneumologen
und muss gestehen, er raucht die Drogen,
die ihm so sehr und angenehm,
die Krankheit brachten sehr extrem.

Und nun als Folge mit OP,
ein Lungenteil verliert, ade,
so lebt er fortan ohne Freude
und raucht doch weiter im Gebäude.

Am Ende seiner Lungenteile,
kein Qualm mehr hält sich für 'ne Weile,
stirbt er an seiner Unvernunft
an seiner Raucherzunft.

Raucherstätte

Ein Mensch, der rauchte gerne Kette,
bei sich auf seiner Raucherstätte,
bei Wind und Wetter auf dem Hof
da stand er 'rum und wirkte doof.

Der Qualm war seine Energie,
so dachte er trotz Allergie
und weil Genuss im heilig war,
so war vergilbt sein blondes Haar.

Ein and'rer Mensch war ebenfalls,
am Husten durch den Qualm im Hals
und rauchte mit ihm um die Wette,
die allerschönste Tabak-Kette.

So ist die Sucht nach Nikotin,
und an dem Stengel ständig zieh'n,
ein Laster aller erster Güte,
der unscheinbaren Tabakblüte.

Ein starker Mensch

Ein Mensch, der war vom Körperbau,
ein starker Blickfang für 'ne Frau,
er war perfekt als Muskelmann,
an ihm kam einfach keiner ran.

Sein Faustschlag war 'ne große Macht,
die Stärksten haben nicht gelacht,
wenn er für Ordnung richtig sorgte,
er vieles dabei mit entsorgte.

Doch eines Tages war's vorbei,
ein Leiden in sei'm Muskelbrei,
der stoppte seine Körperkraft,
seitdem trinkt er nur Apfelsaft.

Halbwissen

Unwissenheit ist keine Schande,
egal in welchem Lande,
weil einfach jedes Fachgebiet,
das Wissen an sich zieht.

Jedoch von allem nur Halbwissen,
das ist und bleibt beschissen,
weil Fakten brauchen Hintergrund,
so tut man Wissen kund.

Ein schlechter Koch

Ein Mensch, der kochte liebend gern,
doch war die Kochkunst ihm so fern,
das alles was er kochen tat,
zu Essen man sich gern' erspart.

So aß er seine Selbstgerichte,
es waren meistens schlichte,
mit großem Unbehagen,
drum muss man das beklagen.

Bis zu dem Tag, als er's vergaß,
das Kochen war für ihn nur Spaß,
hat er sich Gäste eingeladen,
die Armen musste dies ausbaden.

Die Gäste war'n drum nicht erfreut
und haben dies nun sehr bereut,
weil dieser Fraß war ohnegleichen,
wie konnt' er ihn' nur so was reichen.

Seitdem war Kochen ganz tabu,
für ihn gab's nur noch Schweinsragout,
aus Fertigdosen à la carte,
weil Kochen war ihm viel zu hart.

Ein scherzhafter Mensch

Ein Mensch war stets zum Scherz bereit,
drum lass er dieses Buch soweit
und lachte und hielt sich die Schenkel
für den Geschichtenkrempel.

Er war schon immer Frohnatur
und liebte Schalk und Witze nur,
daher vermochte er zu lachen,
gar immer über blöde Sachen.

Doch wenn er selber Witze riss,
dann war's vergeblich, er entriss,
gar jede Pointe von dem Ganzen,
vom Witzen die Substanzen.

So war als Gast er nicht beliebt,
weil er nicht kannt' das Witz-Prinzip
und viel zu laut sich dann auslachte,
weil jeder Witze ihn selbst anmachte.

Ein modischer Mensch

Ein Mensch, der trägt sein Hosenbein,
mal kurz, mal lang, mal ziemlich fein
und mag daher den letzten Schick,
trotzdem bleibt er noch dick.

Denn vollschlank ist sein Körpermaß,
weil er isst einfach jeden Fraß,
von daher trägt er die Garderobe
zur XXL- Anprobe.

So läuft er wie ein bunter Hund
umher und tut die Mode kund,
so wie er meint als Körperschmuck,
doch es wirkt leider wie kaputt.

Was in der Modewelt passiert,
das wird von Medien uns diktiert,
denn alle richtig neue Moden,
die tragen schlanke Episoden.

Ein adipöser Mensch

Ein Mensch, war adipös und breit
und konnte daher gehen nicht weit,
denn seine große Leibesfülle,
die war zu viel für seine Hülle.

So wollte er den Speck vertreiben
und Essen nur noch dünne Scheiben,
doch leider war'n die Schondiäten,
für ihn nicht zu vertreten.

So blieb er dick und fand dies schick,
doch leider war'n nun im Rückblick,
die Chancen auf ein langes Leben,
für ihn so ganz vergeben.

So starb er früh an seiner Leber,
sie war für ein Todesgeber,
weil sie nur noch aus Fett bestand,
so wurde es danach bekannt.

Ein alter Feind

Ein Mensch trifft seinen alten Feind
und glaubt, dass dieser bös' es meint,
wie früher als sie einst im Kampf,
sich gegenseitig machten Dampf.

Doch dieser hat sich nun gewandelt
und hat den anderen gut behandelt,
doch glaubt er ihm die Wandlung nicht
und Rache ihm erneut verspricht.

Drum legt er sich nun auf die Lauer
und glaubt, er wäre nun viel Schlauer,
um seine Taktik zu durchschau'n,
man kann dem Feind ja niemals trau'n.

Doch als er sich die Beine bricht,
der Feind sein Mitleid ihm ausspricht,
da ist er doch nun ganz gerührt
und glaubt sein Herz hat er gespürt.

Doch was er nicht vermuten würde,
der Feind nahm nur die eine Hürde,
um ihm mit Mitleid so zu blenden,
die alte Rechnung noch zu pfänden.

So wird er doch noch platt gemacht,
sein alter Feind hat ihn verlacht,
drum traue keinem Feind, er lügt,
sonst hat er Dir was zugefügt.

Alterung

Ein Mensch von herrlicher Gestalt,
wird auch mal mit den Jahren alt
und faltig, runzlig und auch weiss,
wie jeder von uns Menschen weiß.

Nur wer in jungen Jahren schon,
ganz faltig ist, kann man nicht droh'n,
weil dieser schon vom Antlitz her,
nicht altert äußerlich so sehr.

So ist das Bild vom Älter werden,
gezeichnet durch Beschwerden mehren,
wer jung bleibt hat meist wenig Leiden,
wer stärker altert will sie meiden.

Eine ausgefüllte Panne

Leben ist nur eine Spanne,
eine ausgefüllte Panne,
selbst wenn alles gut bestellt,
eine Krise mal enthält.

Ein Dilemma geht drum weiter,
sowie ein Geschwür und Eiter,
nicht nur oben auf der Leiter,
nein, auch unten und so weiter.

Ein alter Mensch

Ein Mensch, der alt ist und auch greise,
der redet gerne von der Speise,
das alles dreht sich dann im Kreise
und seine Stimme, die wird leise.

Er redet auch von sein' Gebrechen
und seinen vielen Körperschwächen,
die Themen gehen ihm nicht aus,
denn er war oft im Krankenhaus.

Sein Leben macht ihm keinen Spaß,
weil er das meiste schon vergaß,
er sitzt und liegt so bis zum Ende,
weil er sich damit schon abfände.

Doch was er meistens übersieht,
in seine kleine Welt dann flieht,
dass er jetzt büßt für seine Sünden,
weil sie in Altersschwäche münden.

Ein hundertjähriger Mensch

Ein Mensch lebt einfach und viel länger,
er hat im Leben Überhänger,
so ist er schon einhundert Jahr',
vom Alter auf der Erde da.

Und weil er schon ein Greis geworden,
drum möchten Erben ihn ermorden,
doch ist er noch robust und stark
und will noch nicht in einen Sarg.

Doch eines Morgens fällt er hin,
das Leben macht nun keinen Sinn,
weil er braucht fortan richtig pflege,
so wird er nun zur Nervensäge.

Drum wird er einfach schnell entsorgt,
sein Tod der wird ihm drum besorgt,
mit Gift von seinen lieben Erben,
die nur um seine Güter werben.

So ist sein Ende was er fand,
meist üblich wie in jedem Land,
wer viel zu lange ist am Leben,
der hat viel Neid dabei von Jedem.

Verliehen

Ein Mensch, dem hat man was gelieh'n,
doch noch bis heute nicht verzieh'n,
dass er es uns nie wieder gab,
bis zu dem heut'gen Tag.

Wer glaubt das wäre es gewesen
nein, auch schon Löffel, Stuhl und Besen,
hat er noch frech bei sich rumliegen
weil wir's ja noch nicht wieder kriegen.

Drum gib niemals und sei's aus Freundschaft,
dem anderen etwas mit, bleib standhaft,
denn wer verleiht auch nur ein Stück,
kriegst selten dieses je zurück.

Denn Merke, ohne Rechtsvertrag,
das Leihgut wie Besitz, der mag,
der es als Eigentum betrachtet,
denn anderen peripher entmachtet.

Badewannen-Meister

Ein Mensch war Badewannen-Meister,
er glaubte an die Wassergeister
und nahm so täglich drum ein Bad,
und hat an Wasser nicht gespart.

Erquickend war für ihn das Nass,
im Wasser wurde er zwar blass
und weil er länger dort verbrachte,
die Haut sich ständig runzlig machte.

Er brauchte keine Badeente,
er träumte lieber von der Rente
und meditierte für sich fein,
die Badewanne wär' nicht klein.

Bis er im Wasser dann verstorben,
der Rettungsdienst hat ihn geborgen,
ein Lächeln war auf seinen Lippen,
im Wasser hat er nicht gelitten.

Gemeinsam stark

Zwei Menschen treffen sich im Park
und fühlen sich gemeinsam stark,
doch als ein Dritter kommt dabei,
da ist schon das Gefühl vorbei.
Weil dieser große Muskeln hat,
doch da steht auf 'nem anderen Blatt
und Beiden nur aus Zeitvertreib,
mit seinem Mund dabei anschreit
und seine Lebensgrundgeschichte
erzählt mit großem Grundgewichte.
Die Beiden fühlen sich gestört,
doch haben sie sich nicht empört,
aufgrund der großen Übermacht
an männlich starker Körperpracht.
Doch als der Störer geht von dannen,
da können beide erst entspannen
und sind dann wieder sehr gestärkt,
gemeinsam wohl gemerkt.

Keine Reise

Ein Mensch, der wollt' auf Reisen,
er wollt' sich was beweisen,
doch leider er vergaß,
dass er kein Pass besaß.

Er wollte noch zum Amt,
doch leider ganz verdammt,
war dieses nicht mehr offen,
so konnte er nicht hoffen.

So blieb er drum zu Hause
und machte dort schön Pause,
er hat sich sehr erholt
und hat das wiederholt.

Denn wer macht keine Reise,
erspart sich alle Preise,
genießt auf seine Weise,
in seinem engsten Kreise.

Esser

Der eine isst -
der andere frisst -
der ein kuckt -
die Nase juckt -
der andere spuckt,
ist kein Produkt -
und mancher geht -
das Essen steht.

So sind die Esser sehr verschieden,
drum hab' ich es ja schon vermieden,
so im Detail die Kunst beim Kochen,
hier zu erzähl'n, man hat's gerochen.

Weil jeder isst was ihm gefällt,
vorausgesetzt er hat das Geld,
und jene Zeit und auch die Muße,
sonst kommt das Fasten ihm zum Gruße.

Mundgeruch

In so manchen Maul
ist ein Zahn ganz faul,
dieses riecht man sehr,
sein wir bitte fair.
Drum muss man sich fragen,
kann ein Mensch vertragen,
wenn ein anderer stinkt,
wenn sein Mund erklingt?
Nein, das muss nicht sein,
denn Hygiene fein,
oder Arzt, Dentist,
der entfernt den Mist.

Talkrunde

Als Gast in einer Sendung
erwartet jeder Wendung,
denn nur bekannte Gäste
und Kranke und Verletzte,
versprechen hohe Quoten,
genauso wie Idioten.
Wenn dann die Promis reden,
natürlich nicht mit jedem,
dann hat der Moderator,
sowie ein Großdiktator,
die Fäden in den Händen,
man kann das Ganze senden.

Ein Star

Ein Mensch zog in die Welt hinaus,
er sehnte sich nach dem Applaus,
sein Ego hat es ihm befohlen,
sich einen großen Stern zu holen.

Er nahm auch Lästiges in Kauf
und zahlte dafür gerne drauf,
um die Kariere zu erreichen,
nur für ein Leben mit den Reichen.

Jedoch am Ende stand er da,
weil er wurd' doch kein richt'ger Star,
und hat sein Lebenszweck verschenkt,
drum hat er sich am Schluss erhängt.

Attraktivität

Attraktivität -
mehr noch als es geht,
ist der Parameter,
die Weisheit sie kommt später.

Simulant

Ein Mensch kommt zum Psychiater,
dort macht er viel Theater
und hofft, er wäre krank
mit Burnout, Gott sei Dank.

Weil seine Arbeitsstätte,
er lieber nicht mehr hätte,
denn alle die Kollegen,
die wär'n ihm ungelegen.

So wird er untersucht,
als Simulant verbucht,
sein Streben ist ihm nicht geglückt,
er wär' wohl nicht verrückt.

Brillant

Ein Mensch, der war brillant,
das hat er selbst erkannt,
doch leider wurd' er nie benannt,
ihm fehlte der Verstand.

Ein Poet

Ein Poet stieg aus der Bahn,
sein Geist war noch am Fahr'n
und schaute dieser hinter her
und auch noch dem Verkehr.

Sein träumerischer Weltenblick,
der war dabei sein großer Tick,
denn alle Formen die er fand,
beschrieb er sehr charmant.

So gab er sich für diese Zeilen,
als Vorbild zum Verweilen
und gab sei'm Werk mehr Fülle,
er schrieb gern' über Gülle.

Zugabe

Wer schreit hier nach Zugabe?
Der stoppe sein Gehabe,
denn wenn es seien muss,
so ist noch gar nicht Schluss!

Drum schreibe ich noch weiter,
als fleißiger Arbeiter
und mache Überstunden,
mein Werk noch abzurunden.

Schnupfen

Ein Mensch tat seine Nasen rupfen,
er hatte richtig Schnupfen,
die Nasenflügel war'n gerötet,
sein Riechsinn abgetötet.

So packten ihn die Niesattaken,
sein Juckreiz konnte nicht absacken,
nur Taschentücher war'n sein halt,
die Nase hatte die Gewalt.

So sehnte er sich nach dem Stunden,
wo dieses Elend ward verschwunden,
doch seine Nase blieb gemein,
denn erst nach Tagen wurd' sie rein.

So lernt der Mensch, dass seine Nase,
viel stärker ist und dient als Base,
obwohl sie unscheinbar erscheint,
hat sie viel Macht, ist sie verschleimt.

Eine Ehefrau

Eine Frau, war Ehefrau,
doch sie nahm's nicht so genau,
denn sie wollte nur frei sein,
war nicht oft daheim.
Jede Party war ihr recht,
war sehr rege vom Geschlecht,
hatte draußen manchen Freund,
nichts hat sie versäumt.
Drum ging diese Ehe schief,
weil sie oft mit anderen schlief,
nun hat sie 'nen neuen Mann,
alles fängt von vorne an.

Ein Freund

Ein Mensch, der hatte einen Freund
und hat es doch versäumt,
gar diesem zu erzählen,
dass heute wird er fehlen.
Doch auch beim nächsten Mal,
vergaß er ihn Final,
und kam nicht zum Termin,
drum wurd' ihm nicht verzieh'n.
Jetzt sucht er einen neuen Freund,
der Fehlzeit ihm einräumt,
doch niemand lies sich dafür finden,
weil die Termine binden.

Herzlichen Glückwunsch

Wir wünschen unseren Mensch viel Glück
und hoffen, er hat das Geschick,
aus seinen Fehler gut zu lernen
und diese zu entfernen.

Die besten Wünsche nur für ihn,
drum lassen wird den Mensch nun zieh'n,
Er möge nun die Freude finden,
das Schlechte überwinden.

Und wer in trifft,
der nimmt den Stift
und uns dann schreibt
wo er verbleibt.
Und sendet uns als bald was Neues,
von ihm - was richtig Treues.

Preis des Lebens

Ein Mensch zahlt einen hohen Preis,
weil er nur glaubt, was er ja weiß
und niemand ihm drum helfen kann,
so fängt sein Scheitern immer an.

Wer nicht die Einsicht einmal fand,
durch Starrsinn stürzt, das ist bekannt,
der trägt die volle Schuld im Leben,
sein Schicksal wird ihm nicht vergeben.

Sein Ende ist drum sehr fatal,
der Mensch, er hatte eine Wahl,
doch weil er alles unter lies,
so sieht er nie sein Paradies.

Frieden

Ein Mensch, der wollte Frieden,
drum er zu Haus' geblieben,
doch Frieden ohne Kämpfen,
kann Kriege nicht abdämpfen.

Gute Hirten

So wenig Gutes auf der Welt,
wurd' hier mal aufgestellt,
drum viele Menschen sich verirrten
und fanden falsche Hirten.
Denn gute Hirten sind sehr rar,
drum leider ist es wahr,
dass viele sich Propheten nannten
ins böse Ende rannten.

Liebe ist im Alter rar

Liebe ist im Alter rar,
weil sehr selten noch ein Paar,
lebt zusammen und ist da -
denn der Tod ist nah.

So kann diese späte Frucht,
selten wachsen in Aufzucht,
denn es stirbt ein Mensch vorher
und der andere, der bleibt leer.

Glück und Unglück

Glück und Unglück sind verschieden,
drum wird Unglück gern' gemieden,
doch manch' Glück ist nicht solide,
weil es fehlt ihm meist die Liebe.

Unglück kann hingegen doch,
sich zum Glück verwandeln noch,
weil am Ende sich rausstellt,
wie das Schicksal sich verhält.

Ein schlechter Tag

Ein Mensch lobt einen Tag vorm Ende,
jedoch wird dieser Tag Legende
und weil er sich zu früh erfreute
er diesen schlechten nun bereute.

Pausenlos

Bedenke, nur die Kraft der Ruhe,
vornehmlich die der Bettessruhe,
schafft dir ganz neue Energie,
das ist das Wesen der Chemie.

Die Leibeskräfte schwinden schnell,
wenn man zu viel und manuell,
sich über anstrengend ohne Ende,
zum Pausen machen sucht Vorwände.

Ein Mensch, der endlos immer schaltet,
sein Innerstes so hart verwaltet,
fällt irgendwann und ist dann raus,
sein Kraftfeld ist dann aus.

Vom Herz gestoppt und dann verstorben,
da kriegt der Fleißige ein Orden,
doch seine Witwe und die Blagen,
die sind ihr Leid der Welt am Klagen.

Erbverlust

Ein Mensch erkennt nach langem Leiden,
er wird bald aus dem Leben scheiden,
doch nur die Sorge wer tut erben,
die hindert ihn daran zu sterben
und so verpasst er den Moment
und stirbt ganz leise als er pennt.

Sein Tod hat er so nicht geplant,
doch war er vorher schon gewarnt,
weil jeder Tod im Sterben mündet,
man seinen Zeitpunkt nie ergründet,
so war ihm dieses nicht bewusst,
er dachte nur an Erbverlust.

Ein toter Freund

Ein Mensch, der war in Trauer
und war auf sich sehr sauer,
dass vor dem Tod vom Freund
den Abschied hat versäumt.

Er machte sich Gedanken,
sich richtig zu bedanken,
bei ihm, der da nun lag,
so tot in seinem Sarg.

Was wollt' er ihm noch sagen?
Was wollt' er ihn noch fragen?
Warum war das jetzt aus?
Drum schenkt er den Strauß.

So ist er nun zufrieden,
sein Freund blieb ja nun liegen,
weil ihm fällt nach her ein,
er war zu ihm gemein!

Nachruf

Ein Mensch war früher sehr bekannt,
er ist bis heut' mit uns verwandt,
ein alter Freund und Weggefährte,
sein Tod, der ist für uns die Härte.

So werden wir ihn nie vergessen
und an ihn denken angemessen,
doch wenn die Jahre dann vergehen,
ist er gelöscht ganz aus Versehen.

So ist der Lauf und jedes Ende,
nur selten wird ein Mensch Legende.

Mensch sein

Ein Mensch ist erst ein Mensch geworden,
so meint ein mancher nur mit Orden,
oder mit Würden, hohen Titeln,
oder sogar mit krummen Mitteln.

Jedoch zum Menschsein reicht es schon,
hat man 'ne Tochter oder Sohn,
die man mit Liebe groß gezogen
und dabei niemals hat belogen.

Ich-Mensch

Ich habe nun den Mensch beschrieben
und bin doch ganz bei mir geblieben,
weil alles was mir wurd' zu teil,
das schrieb ich für mich heil.

Denn Fehler findet einfach jeder,
bei sich und wird zu dem Erreger,
wenn man sie nicht mal selbst erkennt,
die Fehler sich beim Namen nennt.

Drum schaut jetzt in den Spiegel rein
egal und ist' s auch sehr gemein,
der Ich-Mensch, der ist einfach jeder,
als fehlerhafter Geistesträger.

Schlusswort

Ich danke meinem Publikum,
sie war'n für mich famos,
jetzt muss ich leider wieder los,
denn leider muss ich groß!

Ende vom Menschen

Ein Mensch verlässt die große Welt -
sein Leben ist nun abgestellt,
das Falsche, was er tat im Leben,
das wird am Ende ihm vergeben.

Einen Fehler finden - Neue Mensch-Gedichte

Inhaltsverzeichnis

Weitere lyrische Bände von Stefan Reich

„MACHWERK" (1984-2020)
„Das Evangelium vom Reich -
Sprache der Schöpfung (2019)
„GEHEIMWERKE" (2019)
„KINDERWERKE" (2019-20)
„Einen weiteren Fehler finden" (2019-2020)
„WORTREFERENZEN" (1993-2020)
„SATZBAUWERKE" (2020)
„NACHSCHLAGWERK" (2020)